I0366318

LA ESENCIA DE LA REALIDAD SUPREMA

El Paramārthasāra de Abhinavagupta

LA ESENCIA DE LA REALIDAD SUPREMA

El Paramārthasāra
de Abhinavagupta

Revelado por Swami Lakshmanjoo

Edición original por John Hughes

Traducido por Federico Oliveri

Edición bajo licencia de: Lakshmanjoo Academy
www.lakshmanjooacademy.org

Copyright © 2024 John Hughes

Traducción de: Federico Oliveri.

Reservados todos los derechos. Prohibida la reproducción total o parcial de este libro por cualquier medio, sin permiso escrito de John Hughes.

ISBN 978-1-947241-16-9 (softcover)
ISBN 978-1-947241-17-6 (Ebook)

Esta tarea está dedicada
a Swami Lakshmanjoo,
a quien le debemos todo.

Guía para la pronunciación del sánscrito transliterado

Esta lista de palabras es una referencia para pronunciar el sánscrito transliterado de manera aproximada.

a	mesa	*au*	causa
ā	par *(duración doble)*	*k*	cada
i	patio	*g*	gato
ī	frío *(duración doble)*	*ṅ*	tengo
u	jugo	*c*	chino
ū	uno *(duración doble)*	*j*	adyacente
ṛ	florido	*ñ*	caña
ṝ	sonriente	*y*	i
ḷ	alrededor	*r*	para
e	mesa	*ś, ṣ*	show
ai	traiga	*h*	*(aspiración suave)*
o	rosa		

Cuando una consonante tiene una *h* después, como en:
kh, gh, ch, jh, ṭh, ḍh, th, dh, ph, bh
debe pronunciarse la consonante y luego aspirar suavemente.

Cuando una letra tiene un punto debajo, como en:
ṛ, ṝ, ḷ, ṭ, ṭh, ḍ, ḍh, ṇ, ṣ
debe pronunciarse con la lengua curvada hacia arriba.

Cuando una palabra termina en *ḥ* debe aspirarse y repetirse suavemente la vocal anterior.

ÍNDICE

Prefacio a la edición en castellano ix
Prefacio x
Agradecimientos xiv
Swami Lakshmanjoo. El autor xv

Introducción de Yogarāja 1
El *Paramārthasāra* de Abhinavagupta 3

Apéndice A
1. *Prakṛti* y los *guṇas* 113
2. *Svātantrya* 115
3. *Malas* 118
4. *Kañcukas* (lit., coberturas) 120
5. Los siete perceptores 122
6. *Upāyas* (los medios) 124
7. *Śaktipāta* 124
8. Los cinco *kalās* (círculos) o *aṇḍas* (huevos). 127
9. *Samādhi* 127
10. *Prakāśa* y *vimarśa* 128
11. *Nirvikalpa* 129
12. Treinta y seis elementos (*tattvas*) 131
13. *Turya* y *turyātīta* 133
14. Sistema Spanda 135
15. *Pramiti, pramātṛ, pramāṇa, prameya bhāva.* 136

Apéndice B 139
Paramārthasāra, con el comentario de Yogarāja, traducido por John Hughes

Índice de términos sánscritos 153

Lakshmanjoo Academy 159
Enseñanzas de Swami Lakshmanjoo publicadas por The Lakshmanjoo Academy 160

PREFACIO A LA EDICIÓN EN CASTELLANO

Tenemos el honor de presentar la traducción al castellano de esta joya de la enseñanza de Abhinavagupta y Swami Lakshmanjoo. Agradecemos la inestimable tarea de John Hughes y Lakshmanjoo Academy en preservar y difundir estas enseñanzas y su confianza en permitirnos intentar esta traducción.

Este volumen está basado en la segunda edición en inglés. Para facilitar la lectura, incluimos la traducción de cada estrofa del *Paramārthāsara* precediendo el comentario de Swami Lakshmanjoo. La traducción es de Swami Lakshmanjoo y la edición es de John Hughes, su compilación forma el Apéndice B.

Un agradecimiento especial para Shanna Hughes, que siempre está disponible en medio de su apretada agenda, y para Mirabai Hayward, que revisó esta traducción oración por oración. Su contribución mejoró mucho este trabajo.

¡*Iti śivaṁ*! ¡Que todo sea auspicioso!

Federico Oliveri
2023

PREFACIO

Está establecido con claridad que el autor original del *Paramārthasāra* fue Adiśeṣa, quien Swamiji Lakshmanjoo afirma que no es otro que el ilustre *muni* Patañjali, autor de los *Yoga Sūtras*. El *Paramārthasāra* es considerado un texto *vaiṣṇava* y consta de ochenta y cinco estrofas; Abhinavagupta expandió el original de Patañjali cambiando el texto en varios lugares e incluyendo veinte estrofas adicionales. Como dice Swamiji, "Abhinavagupta le dio al *Paramārthasāra* un baño de shaivismo". En su recensión del *Paramārthasāra*, Abhinavagupta resume las enseñanzas centrales de las obras más formidables del shaivismo de Cachemira, como el voluminoso *Tantrāloka* y la *Iśvarapratyabhijñā* de Utpaladeva.

En la primavera de 1990, Swami Lakshmanjoo tradujo el *Paramārthasāra** ("La esencia de la Realidad Suprema") de Abhinavagupta. El *Paramārthasāra* fue uno de los últimos textos que reveló antes de dejar su cuerpo; los otros fueron la *Bhagavad Gītā* y el *Stavacintāmaṇi*.† El *Paramārthasāra* y la *Bhagavad Gītā* son las dos únicas series de conferencias de Swamiji que hemos grabado en video. Durante su traducción del sexto capítulo de la *Bhagavad Gītā*, Swamiji dio a entender que, en 1989, había experimentado

---

* El texto que Swamiji utilizó fue el de *Kashmir Series of Texts and Studies* (*KSTS*) Vol. VII, *The Paramārthasāra by Abhinavagupta*, con comentarios de Yogarāja. Este libro tiene abundantes notas escritas a mano por Swamiji, que se han agregado como notas al pie en esta publicación.

† Lamentablemente, el video de la grabación del *Stavacintāmaṇi* se perdió en un robo en Nepal. Afortunadamente, durante la revelación de Swamiji de este texto, Denise Hughes tomó abundantes notas.

una profunda y consumada transformación espiritual en la que realizó el estado supremo de la Conciencia universal de Dios. Enfáticamente declaró: "¡Soy Parabhairava!".* La explicación de Swamiji de la *Bhagavad Gītā*, el *Paramārthasāra* y el *Stavacintāmaṇi* están claramente infundidos con el néctar de su dichosa realización.

Esta es la segunda edición de la traducción de Swami Lakshmanjoo del *Paramārthasāra* con el comentario de Yogarāja. Aunque la primera edición, publicada en 2010, también se basó en las grabaciones originales de 1990, la presente edición se ha ampliado con notas al pie adicionales, un apéndice, bibliografía e índice. La calidad de las grabaciones originales en DVD también ha sido mejorada y se han incluido subtítulos.

Mi primera introducción al texto del *Paramārthasāra* fue en 1972 cuando estudiaba para mi doctorado en Estudios Religiosos en la Universidad McMasters, en Hamilton, Ontario. Mi profesor, J. G. Arapura, estaba entusiasmado con el hecho de que yo hubiera conocido a Swami Lakshmanjoo en 1969 y que esa reunión, aunque breve, había despertado en mí el deseo de estudiar la relativamente desconocida filosofía del shaivismo de Cachemira.

Siempre había querido estudiar con un verdadero *yogī*, una persona que viviera su tradición espiritual, en vez de ir a una universidad y estudiar en la aridez de un aula. Como Swami Lakshmanjoo ya tenía una reputación internacional como erudito, santo y *yogī* avanzado en la disciplina del shaivismo de Cachemira, era muy respetado en la comunidad académica, algo fuera de lo común en el caso de los *yogīs* de la India. Entonces, recibí fondos de la universidad y su permiso para viajar a Cachemira y estudiar a los pies de este gran maestro.

Junto con mi esposa, Denise, y mi hija de dos años, Shanna, llegamos al ashram de Swami Lakshmanjoo en el invierno de 1971-72. Mi primer encuentro formal con Swamiji fue el mayor punto de inflexión en toda mi vida. Swamiji me saludó afectuosamente

---

* Para ver la explicación de Swamiji de Parabhairava, ver *Paramārthasāra*, estrofas 10 y 11.

y de inmediato sacó de su bolsillo una foto de mi familia que yo había enviado previamente. Con calidez y afecto, me dijo: "Te he estado esperando". Esto fue una experiencia profunda para mí y le dije: "Sé que eres Dios, y estoy aquí para estudiar contigo y estar contigo".

Swamiji aceptó enseñarme shaivismo de Cachemira y ese fue el comienzo de una maravillosa aventura para mí y mi familia. Desde el principio, comencé a grabar todas sus lecciones y pronto me indicó que estaba complacido con mi asimilación de sus enseñanzas. Después de algún tiempo, se hizo evidente que Swamiji estaba preocupado por el futuro de su tradición. Sentía que si sus enseñanzas no se conservaban de manera adecuada, se perderían una vez que él dejara este mundo. Después de todo, él fue el último exponente vivo de la "Tradición oral del shaivismo de Cachemira".

Un día, Swamiji me preguntó si yo estaría interesado en continuar estudiando y grabando sus traducciones de lo que él consideraba que eran los textos más importantes del shaivismo de Cachemira. Él estaba profundamente interesado en que este conocimiento se conservara y fuera puesto a disposición de la humanidad. Me sentí honrado de que este gran maestro y santo me considerara digno de una empresa tan importante, por lo que, en lugar de volver para terminar mi tesis, decidí permanecer en Cachemira junto con mi esposa y mi hija. Durante los siguientes quince años, Swamiji nos enseñó la esencia del shaivismo de Cachemira a través de sus traducciones y explicaciones de una selección de textos sagrados. Como resultado, acumulamos más de setecientas horas de grabaciones de las traducciones al inglés de Swamiji junto con muchas horas de sus conferencias en idioma cachemir.

Al principio, seguí trabajando en la recensión de Abhinavagupta del *Paramārthasāra* con la idea de que finalmente completaría mi tesis. Al centrarme en la grabación y el estudio de otros textos importantes con la enseñanza de Swamiji, encontré poco tiempo para este proyecto. Como resultado, mi tesis permaneció sin terminar e inactiva durante los últimos cuarenta y tres años.

Aún así, casi medio siglo después, estoy agradecido a Lalita Dhar por su contribución a mi trabajo en este texto. En retrospectiva, me doy cuenta de que, cuando se estudia esta tradición, nunca se pierde el tiempo. De este modo, para dar mayor claridad a la presente publicación, me he basado en mi manuscrito original en las notas al pie y también he incluido una traducción literal de las ciento seis estrofas en el Apéndice B. Al completar su enseñanza del *Paramārthasāra*, Swamiji me entregó su propio manuscrito que contenía muchas de sus notas escritas a mano. Estas notas preciosas han sido incluidas como notas al pie en todo el texto.

A diferencia de otros tratados de shaivismo de Cachemira, el *Paramārthasāra* de Abhinavagupta no toma una dialéctica rigurosa o una argumentación lógica concisa. Más bien, es una pieza sencilla destinada principalmente a los principiantes, pero muy beneficiosa incluso para los más avanzados practicantes de *trika*[*].

¡*Jai Guru Dev*!

John Hughes
15 de abril de 2015

* "*Trika*" significa trinidad, grupo de tres. El shaivismo *trika* es la ciencia triple del hombre y su mundo. En la idea del *trika* hay tres energías: *parā* (suprema), *parāparā* (media) y *aparā* (baja). Estas tres energías principales representan las tres clases de actividades del mundo. Por lo tanto, el pensamiento del *trika* admite que todo el universo y toda acción, ya sea espiritual, física o mundana, existe en estas tres energías.

AGRADECIMIENTOS

En primer lugar, me gustaría agradecer a mi esposa Denise, mi hijo Viresh, mi hija Shanna, George Barselaar, Claudia Dose, Stephen Benson y Michael Van Winkle, quienes hicieron posible el éxito de este proyecto. Sus aportes en la preparación de la transcripción y los videos para la publicación de este *Paramārthasāra* son inestimables. A George van den Barselaar por su incansable dedicación en la preparación de la transcripción original. A Stephen Benson por su magistral edición. A mi hijo Viresh por añadir numerosas notas y apéndices para que el texto esté más claro. A Michael Van Winkle, nuestro ingeniero de audio, que utilizó una serie de trucos y técnicas para pulir, aclarar y mejorar el audio original. A Claudia Dose, nuestra directora creativa, que escribió el *devanāgarī* y fue responsable del diseño del DVD, sus menús, estructura e interfaz. A Shanna, que manejó el proyecto completo y trabajó sin descanso para que concluyera en tiempo y forma. Y finalmente, a Denise por su corrección: nada fue aprobado sin su consentimiento. Observó los videos y escuchó los audios e hizo muchas sugerencias valiosas para la edición.

SWAMI LAKSHMANJOO
EL AUTOR

Swami Lakshmanjoo nació en Srinagar, Cachemira, el 9 de mayo de 1907. Fue el último y el más grande de una larga sucesión de santos y maestros de la tradición del shaivismo de Cachemira. Desde su primera infancia, Swamiji pasó su vida estudiando y practicando las enseñanzas de esta tradición única y sagrada. Contaba con una comprensión intelectual y espiritual completa de la filosofía y la práctica del shaivismo de Cachemira, fue un verdadero maestro en todos los aspectos.

Nació con memoria fotográfica; aprender siempre le fue fácil. Poseía un conocimiento completo del shaivismo de Cachemira y además contaba con un amplio conocimiento de los textos religiosos y filosóficos tradicionales de India. Cuando enseñaba, libremente hacía referencias a otros textos para aclarar, ampliar y fundamentar su enseñanza. Podía citar un texto completo con solo recordar las primeras palabras de la estrofa.

Con el tiempo, se propagó su reputación como filósofo erudito y adepto espiritual. Líderes espirituales y académicos viajaron de todas partes del mundo para recibir su bendición y hacerle preguntas acerca de diversos aspectos de la filosofía del shaivismo de Cachemira. Obtuvo renombre como un devoto del Señor Śiva y como un maestro consumado de la tradición no dual del shaivismo de Cachemira.

A lo largo de su vida, Swamiji enseñó a sus discípulos y devotos los caminos de la devoción y el conocimiento. Evitaba la fama y el reconocimiento y no buscó su propia gloria. Sabía que el shaivismo de Cachemira era una joya de lo más preciada y que por la gracia de Dios, aquellos que desearan el conocimiento supremo se sentirían atraídos por sus enseñanzas. Deseaba que el shaivismo de Cachemira fuera preservado y puesto a disposición de toda la humanidad.

En 1990, durante su estancia en Nepal, Swamiji tradujo los comentarios singulares de Abhinavagupta del *Paramārthasāra* y la *Bhagavad Gītā*. Durante su explicación del capítulo sexto de la *Bhagavad Gītā*, Swamiji dio una infrecuente visión de la plenitud y gloria de su propia experiencia:

> Yo continuaba tranquilamente con mi práctica y el *śaktipāta* (la gracia) vino abruptamente y lanzó toda su fuerza sobre mí. Fue *tīvra tīvra* (súper supremo) *śaktipāta*. Sucedió y yo renací. Me volví tan grande. No quiero alardear, pero esto es lo que sucedió. Renací. Y, debido a que tenía que convertirme en Bhairava, tuve que experimentar todos los estados de *yoga*. Y sucedió, todo sucedió. Tuve todas las experiencias; también *cidānanda*, también *jagadānanda**. Todo pasó. No se pueden imaginar la manera en que actúa el *śaktipāta*†.

El 27 de septiembre de 1991, Swami Lakshmanjoo dejó su cuerpo físico y alcanzó el *mahasamadhi*, la gran liberación.

---

* *Cidānanda* y *jagadānanda* son las etapas finales de los siete estados de *tūrya*, también conocidos como los siete estados de *ānanda* (dicha). Ver *Shaivismo de Cachemira, el Supremo secreto*, capítulo 16.

† *Bhagavad Gītā In the Light of Kashmir Shaivism*, DVD 6.3 (42:01). Para una explicación completa de *śaktipāta*, ver el apéndice A7.

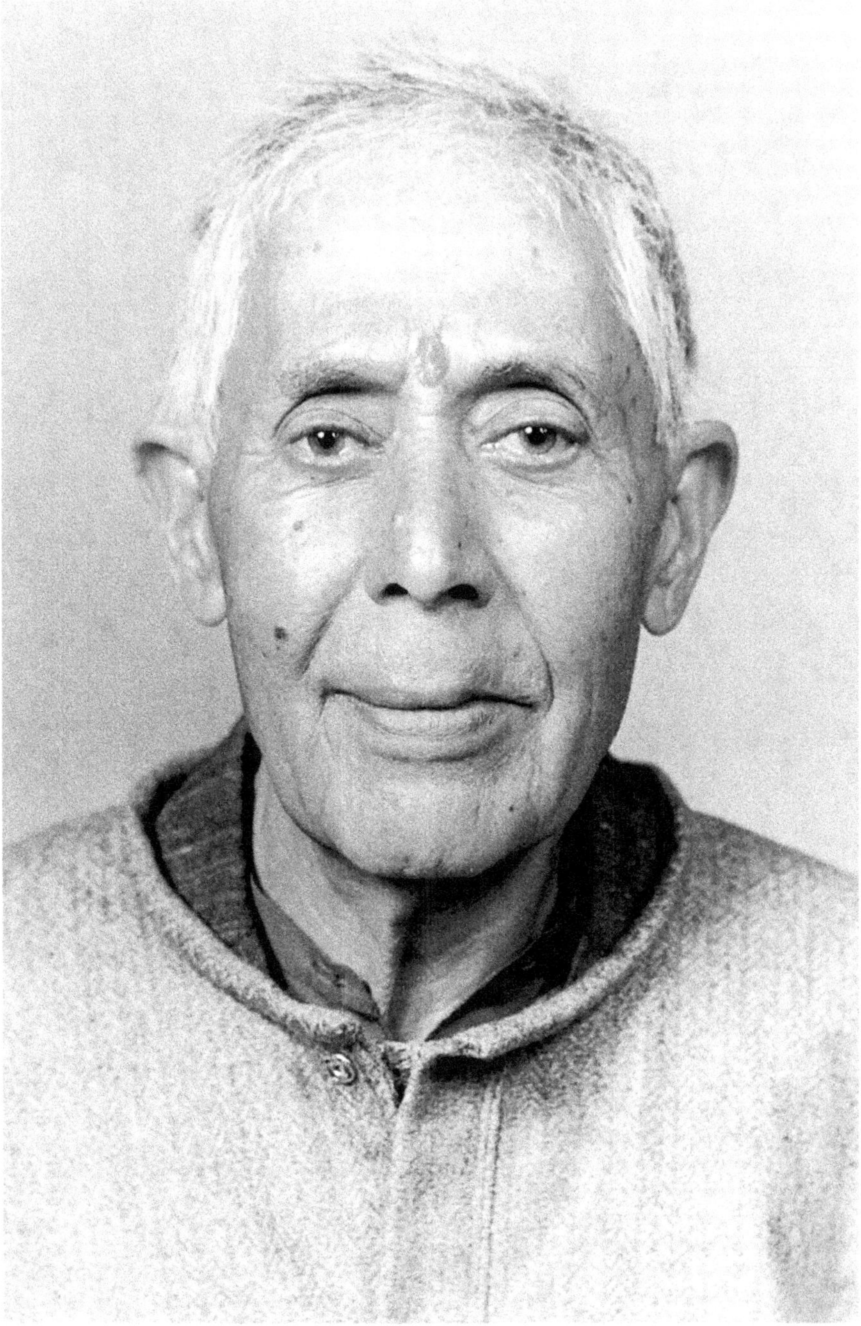

Paramārthasāra

INTRODUCCIÓN DE YOGARĀJA

SWAMIJI: Comencemos con el *śloka* al inicio del comentario de Yogarāja.*

cidghano'pi jaganmūrtyā†
śyāno yaḥ sa jayatyajaḥ |
svātmapracchādanakrīḍā-
vidagdhaḥ parámeśvaraḥ || *1* ||

Cidghano'pi parameśvaraḥ, aunque Parameśvara, el Señor Śiva, es *cid ghana*, pleno de toda conciencia, sin embargo *yaḥ jagat mūrtyā śyāna*, ha tomado la formación del universo y Él está coagulado allí‡. El universo es la formación coagulada de *cid ghana*.

La conciencia del Señor es simplemente elástica. ¿Saben qué quiere decir "elástica" [risas]? Es de forma líquida y se ha congelado. Este universo es el estado congelado de *cid ghana*. ¡Esto también es bueno! Yogarāja dice que este universo es el estado congelado del Señor Śiva cuya conciencia, conciencia de su Ser, conciencia universal, está coagulada.

---

* Yogarāja fue un discípulo directo de Kṣemarāja, quien a su vez fue el discípulo principal de Abhinavagupta.
† "Aquel Bhairava que nunca nace y nunca es la víctima de la muerte" (notas manuscritas de Swami Lakshmanjoo).
‡ "Aunque *caitanyarūpa**, siempre, sin importar si Él ha tomado la formación del universo y parece estar coagulado, en realidad [Él] no está coagulado." Ibid.
*La manifestación de la conciencia completamente independiente.

Y *svātma pracchādana krīḍāvidagdhaḥ*, el propósito principal del Señor Śiva es mostrar su juego de esconderse*, cómo esconde Su verdadera naturaleza. Él ha escondido Su verdadera naturaleza en la manifestación del mundo. Él está oculto en la manifestación del mundo. De otro modo, Él también está presente allí.

yo'yaṁ vyadhāyi guruṇā
yuktyā paramārthasārasaṁkṣepaḥ ।
vivṛtiṁ karomi laghvīm
asmin vidvajjanārthito yogaḥ ।। 2 ।।

Este *paramārthasāra saṁkṣepaḥ*, la esencia† del *Paramārthasāra*, que fue descrito por Śeṣa Patañjali‡ a su discípulo, su esencia fue revelada, escrita por nuestro gran maestro de maestros, Abhinavagupta§. Ha escrito la esencia del *Paramārthasāra* que en algún momento, en tiempos antiguos, fue relatada por el Señor Patañjali a uno de sus discípulos.

Yo¶ estoy haciendo el esfuerzo de hacer los comentarios sobre estos *ślokas* de Abhinavagupta.

*Bas***, estos *ślokas* introductorios están terminados. Ahora, el *śloka* de Abhinavagupta.

---

* "Por Su propio truco" (notas manuscritas de Swami Lakshmanjoo).

† "Esencia o crema". Ibid.

‡ Patañjali es conocido de diversas maneras, como el Señor Patañjali, Ādiśeṣa Patañjali, Patañjali Muni o Śeṣa Muni.

§ Abhinavagupta fue el maestro de Kṣemarāja, quien a su vez fue el maestro de Yogarāja. Por lo tanto, Abhinavagupta fue el "maestro-abuelo" de Yogarāja.

¶ Yogarāja.

** Una expresión hindi usada frecuentemente por Swamiji, que literalmente significa "eso es todo" o "suficiente"; a menudo implica el final de un tema o una línea de pensamiento.

EL PARAMĀRTHASĀRA DE ABHINAVAGUPTA

paraṁ parasthaṁ gahanād anādim
ekaṁ niviṣṭaṁ bahudhā guhāsu |
sarvālayaṁ sarvacarācarasthaṁ
tvāmeva śaṁbhuṁ śaraṇaṁ prapadye || *1* ||

1. Oh Śaṁbhu, Tú eres el Supremo (aquel) que mora encima del abismo (de *māyā*), el que no tiene principio. (Tú eres aquel) que ha entrado en muchas cuevas (es decir, los corazones). Por lo tanto, eres la morada de todos porque habitas en todo (ya sea animado o inanimado). (Solo a Ti) me acerco en busca de refugio.

Param. ¿Quién es *param*? *Param* significa lleno de las cinco energías: *cit*, *ānanda*, *icchā*, *jñāna* y *kriyā*. ¿Conocen estas cinco energías? Esto es *param*. *Param* significa *pūrṇam*, quien está lleno de cinco energías.*

Gahanād parastham, que está por encima de *māyā*, que está situado arriba (*gahanāt* significa *māyā*†); *anādim*, que no tiene principio; *ekam*, que es uno; y *niviṣṭam*, quien ha entrado en varias

* Él tiene cinco energías: *cit śakti* (energía de la conciencia), *ānanda śakti* (energía de la dicha), *icchā śakti* (energía de la voluntad), *jñāna śakti* (energía del conocimiento) y *kriyā śakti* (energía de la acción).

† "*Māyā śakti* es la energía universal que pertenece al ser individual, al alma individual. La misma energía, cuando pertenece al Ser universal, se llama *svātantrya śakti*". Swami Lakshmanjoo, *Shaivismo de Cachemira, el Supremo secreto*. Para una explicación de *svātantrya śakti* ver el Apéndice A2.

cuevas del corazón de la universalidad. Él ha entrado en la cueva de Parabhairava. Él ha entrado por igual en la cueva, desde Parabhairava* al corazón de un insecto insignificante. Él ha entrado en el corazón de un insecto y también ha entrado en el corazón de Paramaśiva.

Sarvālayam, Él es *viśrānti*, la morada de todos. Todos yacen en Eso.† *Sarva carācarastham*, y es donde yacen todas las clases *jaḍa* (inertes) y *cetana* (conscientes).‡

Me inclino ante Ti, oh Śiva, *śaraṇam prapadye*, me inclino ante Ti e ingreso en Tu estado para siempre.§

Siguiente *śloka*:

garbhādhivāsapūrvaka-
maraṇāntakaduḥkhacakravibhrāntaḥ ।
ādhāraṁ bhagavantaṁ
śiṣyaḥ papraccha paramārthaṁ ।। 2 ।।

2. El discípulo, desconcertado por la rueda del sufrimiento que comienza con la vida en el útero y termina en la muerte, le preguntó al *guru*, el bendito Ādhāra (Patañjali), acerca de la Verdad.

ādhārakārikābhiḥ
taṁ gururabhibhāṣate smatatsāram ।
kathayatyabhinavaguptaḥ
śivaśāsanadṛṣṭiyogena ।। 3 ।।

---

* Parabhairava es sinónimo de Paramaśiva (Śiva supremo), el estado de conciencia universal de Dios. Ver también los comentarios a las estrofas 10 y 11.

† "Solo Él se manifiesta en el campo mundano" (notas manuscritas de Swami Lakshmanjoo).

‡ "Así, el Señor Bhairava se encuentra en cada forma y, al mismo tiempo, no se puede negar Su existencia sin forma". Ibid.

§ "Me vuelvo uno, diluido en Ti". Ibid.

3. El *guru* (Ādhāra) le declaró la esencia de la Verdad (lit. *Paramārthasāra*) en la (forma) de las *Ādhāra Kārikās*. Abhinavagupta declara eso (la esencia de la Verdad) de acuerdo con el punto de vista de la enseñanza.

Kaścit śiṣyaḥ, algún discípulo, algún discípulo en particular... *Ādhāraṁ bhagavantaṁ, paramārthaṁ papraccha. Ādhāraṁ bhagavantaṁ*, Śeṣamuni (Patañjali), quien fue el fundador de los *Yoga Sūtras*, y los *Yoga Sūtras* (también) fueron comentados por Patañjali...

yogena cittasya padena vācā
malam śarīrasya tu vaidyakenam |
yo'pākarottaṁ pravaraṁ munīnām
patañjalirprāñjalirānato'smīm | |*

Yogena cittasya malam. Patañjali descartó el *mala* (la impureza) de la mente por medio del *yoga*, porque también escribió el *Yoga darśaṇa*†. Por medio del *Yoga darśaṇa*, él ha eliminado, ha destruido, la impureza de la mente, por el *yoga* (*yogena cittasya*).

Padena vācā, con la gramática ha destruido el *mala* (la impureza) de la conducta de *vāk* (el habla). Cuando el idioma sánscrito es correcto, significa que uno está bien educado y cualificado en gramática sánscrita. Él también ha comentado sobre eso. Por eso, ha tenido éxito en descartar la impureza del habla al hablar en sánscrito.

Cuando Hanumān se inclinó ante Rāma y le habló en sánscrito, Rāma notó, por su gramática, que era muy erudito. Esto lo alegró mucho. Rāma dijo: "La conducta de Hanumān con respecto al habla es como la conducta de los dioses. Él es un hombre divino. Él puede hacer y deshacer todo para Mí. Ha sido creado por Dios

---

* Como muestra de respeto por Patañjali, el autor del *Paramārthasāra*, Swamiji recitó este verso de la *Bhojavṛtti*, es decir, el comentario de Bhoja sobre los *Yoga Sūtras* de Patañjali. La recitación de Swamiji difiere ligeramente de la versión estándar. Nota: esta estrofa no aparece en el texto del *Paramārthasāra*.
† Los *Yoga Sūtras*.

para Mí, para ayudarme a encontrar a Mi esposa perdida que fue secuestrada por Rāvaṇa* [risas]".

Patañjali también ha creado *vaidika* (*vaidika* significa la filosofía de las enfermedades). La filosofía de las enfermedades es la literatura *vaidika*. Esto además se llama *Caraka*†. También se encuentra en los *Vedas*.

DENISE: ¿Āyurvédico?

SWAMIJI: Āyurvédico, sí. Él ha comentado la literatura āyurvédica. ¡No, él la ha creado! Él es el autor de ese libro en el que se explica el tratamiento para todas las enfermedades‡. Este tratamiento es para esta enfermedad, este tratamiento es para esta otra enfermedad, así es como debes tomar el pulso y toda enfermedad que encuentres en el cuerpo, será curada, pero solo por medio del tratamiento *váidico*.

Entonces, *pravaraṁ munīnām*, él, quien es el más grande de todos los grandes *ṛṣis*, me inclino ante él, Patañjali, que es el creador de estas tres secciones: el *yoga*, el habla y la enfermedad (la eliminación de todas las enfermedades).

Tat sāram kathayati abhinavaguptaḥ. "Y el *Paramārthasāra* es colocado por Abhinavagupta, yo mismo...".

Abhinavagupta está hablando, Abhinavagupta está escribiendo. Él se llama a sí mismo Abhinavagupta.

"... y aquí estoy, colocando la esencia de todo el conocimiento que Patañjali le explicó a su *śiṣya* (discípulo). Pero le doy un baño de shaivismo, les daré a ustedes un baño de shaivismo. Lo describiré de manera shaivita"§.

---

* El demonio Rāvaṇa y su hermano, Kumbhakarṇa, eran encarnaciones de los amados guardias del Señor Viṣṇu, Jaya y Vijaya. El demonio Rāvaṇa es venerado en toda la India como el mayor devoto del Señor Śiva. [*Nota del editor*]

† La *Caraka Saṁhitā* es uno de los tres textos clásicos de *āyurveda*. [*Nota del editor*]

‡ Patañjali es reconocido por muchos eruditos como uno de los autores de la *Caraka Saṁhitā*. Según algunos, se dice que Patañjali es el mismo sabio Caraka. [*Nota del editor*]

§ "Y luego, su crema, Abhinavagupta explica según el punto de vista del shaivismo. [El *Paramārthasāra*] se vuelve muy grande desde el punto de vista del *trika*" (notas manuscritas de Swami Lakshmanjoo).

Tres *ślokas* están terminados*.

nija-śakti-vaibhava-bharād
aṇḍa-catuṣṭayam-idaṁvibhāgena ।
śaktir-māyāprakṛtiḥ
pṛthvīceti prabhāvitaṁprabhuṇā ।। *4* ।।

4. (Por medio) de la desbordante plenitud del poder de Su propia energía, se han producido por separado estas cuatro esferas (círculos en forma de huevo) que son *śakti*, *māyā*, *prakṛti* y *pṛthvī*.

Prabhuṇa, el Señor Śiva, *prabhāvitam*, ha creado cuatro *aṇḍas* (cuatro círculos) de este universo: *śaktyaṇḍa*, *māyāṇḍa*, *prakṛtyaṇḍa* y *pṛthvyaṇḍa*. *Pṛthvī-aṇḍa* es el círculo inferior y en su exterior hay otro círculo que se llama *prakṛti-aṇḍa*. En el exterior de *prakṛti-aṇḍa* hay otro círculo que se llama *māyā-aṇḍa*. Afuera de *māyā-aṇḍa* hay un círculo que se llama *śakti-aṇḍa*.

Entonces, existen estos cuatro círculos, *nivṛtti kalā*, *pratiṣṭhā kalā*, *vidyā kalā* y *śānta kalā*. *Nivṛtti kalā* es el primero y afuera de este está *pratiṣṭhā kalā*, y afuera está *vidyā kalā*, y afuera está *śānta kalā*. Cada *kalā* es mayor que las anteriores. Y la quinta es *śāntātītā kalā*.†

En *śāntātītā kalā* no hay mundos (*śāntātītā tvabhuvanaiva*); *śāntātītā kalā* es sin ningún mundo. No hay mundo, solo está el deleite del Señor Śiva. No es la residencia de nadie más, esta es solo la residencia del Señor Śiva.

JOHN: *Aṇḍa* significa "en forma de huevo". Son círculos en

* "Ahora, cómo se manifiesta este universo, por qué y con qué propósito Bhairava (Śiva) establece su fundamento. Mediante su *svātantrya* más inobjetable, Él manifiesta el universo... solo para que el lector entienda que este universo es solo la expansión de Sus energías". Ibid.

† *Nivṛtti kalā*, *pratiṣṭhā kalā*, *vidyā kalā* y *śānta kalā* también se conocen como *pṛthvyaṇḍa*, *prakṛtyaṇḍa*, *māyāṇḍa* y *śaktyaṇḍa*, respectivamente. Para una explicación de las cinco *kalās*, ver el Apéndice A8.

forma de huevo, ¿no es así?¿Por qué tienen esta forma, por qué no son redondos?

SWAMIJI: Porque es un huevo, es creativo, tiene que crear, tiene fuerza creativa. Crea; por lo tanto, es un huevo. Es como un huevo (*aṇḍa*).

*Vastupiṇḍo'ṇḍamucyate**, *aṇḍa* es eso, el huevo es eso, donde hay tanto existiendo en forma indiferenciada. Por ejemplo, está el huevo de un pavo real. En el huevo es una sustancia blanca, pero en el pavo real encuentras todos los colores. Del mismo modo, todo es blanco allí pero, al momento de expandirse en manifestación, estos colores aparecen por separado.

JOHN: *Saṅkoca* y *vikāsa*.

SWAMIJI: *Saṅkoca* y *vikāsa*†. *Saṅkoca* está en forma de semilla, *vikāsa* está en manifestación.

Pṛthvī, *prakṛti*, *māyā* y *śakti*, Él no lo ha creado con ningún propósito. Ansiaba... estaba desesperado debido a Su demasiado *ānanda* (éxtasis, dicha). Cuando hay demasiado *ānanda*, saltas, vas y te hundes... no puedes tolerar tanto éxtasis de tu ser, quieres terminar con tu cuerpo. Cuando demasiado éxtasis desborda de tu ser, pierdes tu sensatez. No puedes permanecer en esa situación, en tu lugar. También quieres manifestarte afuera. Cuando estás atorado adentro gritas "*Aaaaahhhhh*" [risas].

DENISE: Estallas.

SWAMIJI: ¡Sí, quieres mostrarle todo a todos!

Nija śakti vaibhava bharāt, cuando el deleite de Sus propias energías (*cit śakti*, *ānanda śakti*, *icchā śakti*, *jñāna śakti* y *kriyā śakti*) se desbordan llenas de encanto, Él crea este universo. Esto es la creación porque Él estaba desbordante en Su modo, en Su ser.‡

---

* Comentario de Yogarāja.

† Contracción y expansión, respectivamente.

‡ Un niño, cuando está demasiado excitado, salta, se golpea la cabeza. De la misma manera, Dios ha hecho esto. Él ha machucado su propia naturaleza debido a un exceso de éxtasis. Quiere desconectar este éxtasis. Pero el éxtasis, en su forma real, no puede ser desconectado. Él lo sabe. Pero aún así, por diversión, lo desconecta por el momento. Y al momento de realizar Su propia naturaleza nue-

tatrāntar-viśvam-idaṁ
vicitra-tanu-karaṇa bhuvanam-saṁtānam ।
bhoktā ca tatra dehī
śiva eva gṛhīta-paśu-bhāvaḥ ।।5।।

5. En todo este universo, que es un continuo de diversos cuerpos, órganos, mundos, el disfrutador es Śiva, encarnado, que ha asumido la condición del que no es consciente.

Tatra āntar viśvam idaṁ. Todo este universo* existe, *tatra*, en esos cuatro *aṇḍas*, cuatro círculos en forma de huevo. Y, en este universo, *vicitratanu karaṇa bhuvanaṁ satānam*, los cuerpos son diferentes entre sí, y *karaṇa*, los órganos son diferentes.

No siempre puedes ver solo con los ojos. También puedes ver con esta piel, también puedes oír con las fosas nasales, también puedes oler con la lengua†.

Bhoktā ca tatra dehī, en estos cinco círculos, el disfrutador es *dehī*‡, el ser limitado.§ ¿Qué ser limitado? *Śiva eva*, el mismo Señor Śiva, pero que ha tomado la formación de un ser limitado, *jīva*, el alma limitada.¶ El Señor Śiva lo está disfrutando.

---

vamente, siente que ya estaba allí". Swami Lakshmanjoo, *Bodhapañcadaśikā*, archivo de USF.

* "Estos... no son diferentes de Śiva" (notas manuscritas de Swami Lakshmanjoo).

† "Lo explica Aniruddha, un maestro de Abhinavagupta. *Mukhyataḥ tatsthāne vṛittimanti*, pero, de manera corriente, actúan en su propio lugar en las manos; es decir, la acción de sostener yace predominantemente en las manos. Pero [esta capacidad] no siempre está en la mano. De hecho, si la mano está paralizada, si la mano es cortada, la acción [de sostener] sigue ahí. Puedes sostener con algún otro órgano: con la boca, con el codo o con el pie. Por ejemplo, veo a través de mis ojos pero también puedo sentir la sensación de ver sin los ojos. Cuando estoy completamente ciego, puedo sentir la sensación de la forma. Puedo sentir la sensación del olfato sin la nariz. Puedo sentir la sensación del tacto sin la piel. Puedo sentir la sensación del gusto sin la lengua, etc." Swami Lakshmanjoo, *Tantrāloka* 9.260-267, archivo de USF.

‡ El portador del cuerpo.

§ "Los 118 mundos, los 36 elementos y las 5 *kalās* residen en el cuerpo de uno". Swami Lakshmanjoo, *Tantrāloka* 16.99, archivo de USF.

¶ "En realidad, el Señor Bhairava ha poseído el estado de limitación y parece ser un alma ignorante" (notas manuscritas de Swami Lakshmanjoo).

nānā-vidha-varṇānāṁ
rūpaṁ dhatte yathā'malaḥ sphaṭikaḥ |
sura-mānuṣa-paśu-pādapa-
rūpatvaṁ tad-vadīśo'pi ||*6*||

6. Al igual que un cristal sin mácula toma para sí las formas de varios colores, así también el Señor asume las formas de dioses, hombres, animales, árboles, etc.

Nānāvidha varṇānāṁ rūpaṁ, así como (*yathā*, así como) *amala sphaṭika*, brillante, *sphaṭika manī*, una especie de joya, el cristal, toma el rostro de todos los colores. Todos los colores brillan en el cristal. *Nānāvidhavarṇānāṁ rūpaṁ dhatte yathā amalaḥ*, si se limpia de manera adecuada, el cristal asume el reflejo de todos los colores, en *sphaṭika*.

De la misma manera, *tadvat īśo'pi*, Bhagavān Bhairava (el Señor Bhairava) también *sura*, toma la formación de los *devās* (dioses), toma la formación de los seres limitados (*paśu* significa "bestias"), *pādapa*, toma la formación de los árboles y toma todas estas formaciones como *sphaṭika manī* (joya de cristal). Se convierte en todo. Él ha tomado la formación de todos estos objetos mundanos.*

gacchati gacchati jala iva
hima-kara-bimbaṁ sthite sthitiṁ yāti |
tanu-karaṇa-bhuvana-varge
tathā'yam-ātmā maheśānaḥ ||7||

* "Es Bhairava quien se ha convertido en los dioses, los individuos, las bestias e incluso los árboles, las piedras, etc., y de hecho no ha dejado Su naturaleza divina" (notas manuscritas de Swami Lakshmanjoo).
"El Señor Śiva es víctima de repetidos nacimientos y muertes". Ibid.

7. Al igual que el orbe reflejado de la luna se mueve cuando se mueve el agua (en la que está siendo reflejado) y no se mueve cuando (el agua) no se mueve, del mismo modo este Ser que es el Ser Supremo (se muestra a sí mismo) en el conjunto de cuerpos, órganos y mundos.

Así como *himakarabimbaṁ*. *Himakara* significa "quien tiene una luz muy fría". ¿Quién tiene luz fría?

JONATHAN: La luna.

SWAMIJI: ¡*Shabash**!

El reflejo de la luz fría de la luna, tal como *gacchati jala* (un *gacchati* es *saptami*†), en un arroyo, en el agua en movimiento; cuando la luna se refleja en el agua que fluye, en esa agua en movimiento uno puede ver que la luna se está moviendo; y cuando el reflejo de la luna se ve en agua quieta, en un estanque, *bas*, la luna parece tan quieta que no se mueve. Pero, en realidad, ni se mueve ni no se mueve. De la misma manera, *tanu karaṇa bhuvana varge*, cuando el Señor Śiva toma la formación del cuerpo, cuando el Señor Śiva toma la formación de los órganos, cuando el Señor Śiva toma la formación de los mundos, se vuelve como el cuerpo, se vuelve como los órganos, se vuelve como los mundos. Él ha tomado la formación de los mundos, ha tomado la formación del cuerpo, ha tomado la formación de los órganos. Él ha tomado la formación de todo.‡

Esta analogía de la luna fue un ejemplo. Esta es la realidad del Señor Śiva. Él ha tomado todas estas formaciones.

---

* "Bravo" o "felicitaciones" en hindi.

† Lit., el séptimo caso (locativo).

‡ "En realidad, cuando el Señor Śiva reside en un cuerpo, en ese momento también el cuerpo está muerto; y cuando el Señor Śiva sale del cuerpo limitado, ese cuerpo todavía está muerto. Entonces, en ambos sentidos, el cuerpo está muerto y esa posesión de un cuerpo es su obra divina" (notas manuscritas de Swami Lakshmanjoo).

rāhur-adṛśyo'pi yathā
śaśi-bimba-sthaḥ prakāśate tadvat |
sarva-gato'pyayam-ātmā
viśayāśrayaṇena dhī-mukure ||*8*||

8. Al igual que Rāhu, aunque es invisible, aparece cuando está en el orbe de la luna, así también este Ser, aunque es omnipresente, (aparece) en el espejo del intelecto a través del contacto con los objetos de los sentidos.

Al igual que Rāhu (Rāhu significa el eclipse), *adṛśyo'pi yathā*, aunque reside en el *ākāśa** —Rāhu siempre está en el *ākāśa*— *adṛśya*, nadie lo observa... *

Él solo es observado en el momento del eclipse (el eclipse lunar o el solar) porque la luna y el sol se ponen en su camino. Rāhu continúa, es decir, existe en el *ākāśa*.† En realidad, él reside en el *ākāśa*; su color es como el azul oscuro, el color del *ākāśā*, por lo que no puedes verlo. Solo puedes verlo cuando pasa *śaśi* (la luna); *śaśi* sigue, se mueve en el *ākāśa* y se pone justo en el camino del sol. Entonces puedes ver que se trata de Rāhu. Y vemos que Rāhu se ha comido a la luna. En realidad, no se la ha comido, no se la come, (sino que) viene en la misma línea. *Śaśi bimbasthaḥ*, puedes percibirlo cuando se trata de *śaśi bimba* o *sūrya bimba* (*bimba* [reflejo] del sol).

* Éter, espacio.

† Cuando los dioses batieron este *kṣīra sāgara*, ese océano lácteo (*kṣīra samudrā*), y al batir el néctar surgió de él, el Señor Viṣṇu les dijo a todos los dioses que podían utilizar este néctar y se volverían inmortales al beberlo. Entonces comenzaron a beberlo. Rāhu, un demonio disfrazado de dios, también bebió este néctar. Bebió unas gotas y la Luna y el Sol observaron [que Rāhu] era un fraude, que estaba disfrazado y había bebido este néctar. Había probado solo unas pocas gotas de ese néctar, pero la Luna y el Sol pudieron observarlo. Cuando la Luna y el Sol le contaron a Viṣṇu (Nārāyaṇa) lo que había ocurrido, cortó la cabeza [de Rāhu] y la separó de su cuerpo. Pero como había probado el néctar, su cabeza seguía viva, y tenía mucha ira contra la Luna y el Sol. Es una tradición en nuestra religión que él tiene esta ira, esta enemistad contra el Sol y la Luna. De modo que se come el Sol y la Luna el día de los eclipses". Swami Lakshmanjoo, *Tantrāloka* 6.65, archivo de USF.

*... de la misma manera, *sarvagato'pyayamātmā*, aunque el *ātma** siempre es existente en el mundo, el *ātma* es percibido, se puede contemplar el *ātma*, solamente cuando hay órganos, hay intelecto, y dices: "Estoy hambriento. Estoy débil. Tengo dolor de cabeza. Estoy feliz. Estoy en paz. No estoy en ninguna parte. Estoy lleno de pena". El individuo dice eso. El individuo le dice a su madre o a sus amigos: "Hoy no estoy bien". ¿Por qué dice eso? Él lo dice solo porque no contempla el *ātma* exactamente, pero lo contempla. Y se supone que el *ātma* está presente (*ātma* significa el "alma"), el alma parece estar allí. Con la existencia del alma, parece que hay vida en los órganos. De lo contrario, en los órganos, en el cuerpo, no hay vida. Cuando el cuerpo está muerto, no puedes ver nada.

Ahora Abhinavagupta dice: "Si el cuerpo está allí, ¿por qué el Señor Śiva solo es percibido en el *samādhi*† y no en esta situación?". En la situación corriente de la rutina cotidiana de la vida, no puedes percibir a Dios tal como lo percibes en el *samādhi*. ¿Por qué las personas perciben a Dios solo en el *samādhi* y no en la rutina diaria de sus actividades? Allí también está la existencia de Dios. ¿Por qué no es entendido de manera correcta? Se lo entiende por la negación.

Viresh te dice: "Mamá, tengo hambre". Parece que Viresh tiene hambre. Él tiene un poco de poder de comprensión. Pero hay una diferencia entre este tipo de comprensión y comprender a tu Ser en *samādhi*.

Ahora él hace la pregunta (es una pregunta pertinente): "Si Dios existe en todas partes, ¿por qué no entran todos en *samādhi*?". Él dice: "No, el *samādhi* solo es recibido por el *śaktipāta* (la gracia) del Señor Śiva".

---

* El alma o el yo.

† Para una explicación de *samādhi*, ver el Apéndice A9.

ādarśe mala-rahite
yadvad vadanaṁ vibhāti tadvad ayam |
śiva-śakti-pāta-vimale
dhī-tattve bhāti bhārūpaḥ ||9||

9. Al igual que un rostro aparece en un espejo que está libre de polvo, así también este (Ser), que es la misma luz, aparece en el *tattva* del intelecto que es puro debido a la gracia (*śaktipāta*) de Śiva.

Yadvad, así como *mala rahite ādarśe*, cuando limpias un espejo de todo el polvo, es puro; así como *vadanaṁ vibhāti*, tu cara brilla exactamente como eres y te afeitas ante ese espejo con tu maquinilla de afeitar y todo va bien; de la misma manera, *śiva śaktipāta vimale dhītattve*, cuando tu poder intelectual se ha purificado por el *tīvra-tīvra śaktipāta* del Señor Śiva*, luego, en tu comprensión intelectual, puedes percibir esta posición del Señor Śiva en el *samādhi* donde se supone que eres un alma elevada†.

Entonces, ser elevado o no ser elevado no significa nada. Es solo el juego del Señor Śiva. Cuando hay *śaktipāta*, eres elevado; cuando no hay *śaktipāta*, continúas con tu propio proceso mundano, y eso tampoco está separado del estado del Señor Śiva.

---

* *Śaktipāta* significa literalmente el descenso de la energía espiritual. "En el reino de la espiritualidad, el Señor Śiva crea maestros y discípulos a través de Su quinto acto, el acto de la gracia (*anugraha*). Esta gracia es de nueve tipos y, por lo tanto, crea maestros y discípulos de nueve maneras diferentes. El primero y más alto nivel de la gracia se llama *tīvra-tīvra śaktipāta*. Ver *Shaivismo de Cachemira, el Supremo Secreto*, 10.65-70. Para más información sobre *śaktipāta* (la gracia), ver el Apéndice A7.

† "*Dhītattve*, ese intelecto se considera absolutamente claro para observar el propio estado de Bhairava" (notas manuscritas de Swami Lakshmanjoo).

bhārūpaṁ paripūrṇaṁ
svātmani viśrāntito mahānandam ।
icchā-saṁvit-karaṇair
nirbharitam ananta-śakti-paripūrṇam ।।*10*।।

sarva-vikalpa-vihīnaṁ
śuddhaṁ śāntaṁ layodaya-vihīnam ।
yat para-tattvaṁ tasmin
vibhāti ṣaṭ-triṁśad-ātma jagat ।।*11*।।

10-11. El universo, que tiene treinta y seis partes, brilla dentro de aquello que es el *tattva* supremo, que es luz, repleto, que experimenta la mayor dicha debido a que yace en Sí mismo, desbordando con los instrumentos de su voluntad consciente. Está lleno de energías infinitas libres de toda discursividad (*vikalpa*), puro, en reposo, sin que surja retroceso alguno.

Yat paratattvaṁ, ese *para tattva*, ese elemento supremo del Señor Śiva. Ese es el elemento supremo. Es decir, *para tattva* significa exactamente Parabhairava.

En estos dos *ślokas*, el décimo y el undécimo, Abhinavagupta describe la cualificación de Parabhairava.

Bhārupam, quien es *bhārupam*, es decir, quien es *prakāśa*, quien está lleno de *prakāśa*[*]; quien es *paripūrṇam*, quien es *pūrṇam* (completo); *svātmani viśrāntito mahānandam*, quien yace a Su manera y está lleno de *ānanda* (dicha), el estado dichoso.

Bhārūpaṁ pari pūrnaṁ significa, Él que es *cit*, quien es la encarnación de *cit śakti*[†]. *Svātmani viśrāntito mahānandam*, cuando Él reside en Su *cit śakti*, se vuelve lleno de *ānanda*.

Icchā saṁvit karaṇair, icchā nirbharitam. También está lleno de *icchā śakti*, *saṁvit* (*jñāna śakti*) y *karaṇair* (*kriyā śakti*). *Icchā*

---

* *Prakāśa* es la luz suprema de la conciencia de Dios. Para una explicación de *prakāśa*, ver el Apéndice A10.

† La energía (*śakti*) de la conciencia (*cit*).

significa la energía de la voluntad, *saṁvit* significa la energía del conocimiento y *karaṇair* significa la energía de la acción. Está lleno de estas tres energías.

Entonces, Él está lleno de *cit śakti*, *ānanda śakti*, *icchā śakti*, *jñāna śakti* y *kriyā śakti*. Y, de manera exclusiva, Él es *ananta śakti paripūrṇam*, Él no solo está lleno de las cinco energías, Él tiene innumerables *śaktis*. *Ananta śakti paripūrṇam*, Él está lleno de todas las energías, que son ramificaciones de estas cinco energías.

Sarva vikalpa vihīnaṁ, quien es *sarva vikalpa vihīnaṁ*; allí, todas las variedades de pensamientos han encontrado su final*; *śuddhaṁ*, quien está limpio; *śāntaṁ*, quien está en calma; *layodaya vihīnam*, quien está ausente de la elevación y la caída (Él no se eleva ni desciende). Y ese *para tattvaṁ*, ese estado supremo de la conciencia de Dios, el estado supremo de Parabhairava, *tasmin*, en ese (*śivaṁ*), *tasmin sivādi-dharāntaṁ jagat viśvam*†, *tasmin ṣaṭtriṁśad-ātma*, todo este universo, que es desde *pṛthivī* hasta *śiva tattva*‡, existe en ese *para tattva*.§

darpaṇa-bimbe yadvan
nagara-grāmādi citram-avibhāgi |
bhāti vibhāgenaiva ca
paras-paraṁ darpaṇādapi ca ||12||

* "El pensamiento ilimitado no es un pensamiento, es *nirvikalpa*. Es el estado de tu propia naturaleza, donde no hay límitación." Swami Lakshmanjoo, *Special Verses on Practice*, estrofa 65, archivo de USF. Para una explicación de *nirvikalpa*, ver el Apéndice A11.

† शिवतत्त्वं तस्मिन् शिवादिधरान्तं जगत् विश्वम् *Śivatattvaṁ, tasmin sivādi-dharāntaṁ jagat viśvam* (notas manuscritas de Swami Lakshmanjoo).

‡ El shaivismo de Cachemira reconoce 36 elementos desde *pṛthvī* (tierra) hasta Śiva (lo Absoluto). Ver el Apéndice A12.

§ "Este universo es la manifestación de Bhairava [en *bheda-bhāva*, el estado diferenciado], y Bhairava es al mismo tiempo uno con Su propia naturaleza en *abheda-bhāva*, el estado indiferenciado. Entonces, en ambos sentidos, no hay diferencia en su naturaleza" (notas manuscritas de Swami Lakshmanjoo).

vimalatama-parama-bhairava-
bodhāt tatvad vibhāga-śūnyam-api ।
anyonyaṁ ca tato'pi ca
vibhaktam-ābhāti jagad-etat ।। *13* ।।

12-13. Al igual que la diversidad en la que consiste una ciudad, un pueblo, etc., aparece sin estar separada sobre la superficie de un espejo y, sin embargo, al mismo tiempo aparece dividida dentro de sí misma y de esa (conciencia divina), del mismo modo, este universo también aparece como carente de distinción de la conciencia suprema absolutamente pura de Bhairava y al mismo tiempo aparece como dividido dentro de sí mismo y de esa (conciencia).

Aquí hay dos *ślokas*, uno es un ejemplo y el otro es el estado propiamente dicho de Parabhairava, cómo existe el estado real de Parabhairava. Y, para esto, da un ejemplo.

Darpaṇa bimbe yadvat. Toma un espejo exterior, pon el espejo en tu habitación, *darpaṇa bimbe*, y mira, pero mantén el espejo bien limpio; *nagaragrāmādi citram avibhāgi*, *nagaragrām*, lo que se refleje en él, ves todo lo que se refleja en el espejo, que mide solo dos pies de largo y dos pies de altura, *bas*, de este tamaño, y en este espejo verás el reflejo de esta casa, el reflejo de aquella casa, el reflejo de esos árboles, árboles grandes, el reflejo de todo. *Citram* significa que los diversos reflejos no son puestos en el espejo, porque el espejo tiene un tamaño de solo dos pies por dos pies. Los objetos reales que se reflejan no pueden tener dos pies por dos pies. Parecen separados; *bhāti vibhāgenaiva ca*.

Nacaya etat dharmanasya prasyato yujyate.* Ni siquiera después de indagar al respecto puedes comprender qué le ha sucedido a esto, cómo estos árboles parecen existir fuera de la superficie del espejo (por ejemplo, detrás del espejo). Pero, al indagar qué hay detrás, no hay nada. Solo se ve la distancia. Y, además, en

* Comentario de Yogarāja.

este reflejo tampoco hay peso. Por ejemplo, en este espejo se ha reflejado el tronco de un árbol muy grande. El reflejo de este árbol de cien kilos no agrega peso. Si el peso del espejo era de un kilo, sigue siendo el mismo. De lo contrario, no podrías moverlo [risas]. *Dharmaṇo'pi achālasyat*, Abhinavagupta ha dicho que *dharmaṇo'pi achālasyat*, ¡no podrías moverlo! También con respecto al peso, el espejo permanece igual. Solo pesa un kilo.

Este es el encanto del reflejo. Los reflejos están separados los unos de los otros y también están separados del espejo. Esto es un ejemplo. Ahora, lo más importante que debe entenderse.

De la misma manera, aquello que es absolutamente el elemento más puro, es decir, Parabhairava* (Parabhairava es el elemento más puro del espejo supremo); en ese espejo supremo, que es el elemento más puro de Bhairava, en ese Bhairava, *vibhaktama jagad etat*, percibes todo este universo desde Śiva hasta *pṛthvī* (tierra), absolutamente separado de ese espejo, de Parabhairava. Y no solo eso, (los elementos) están separados el uno del otro: *pṛthvī* (tierra) está separado de *jala* (agua), *jala* está separado de *agni* (fuego), *agni* está separado de *vāyu* (viento), *vāyu* está separado, *ākāśa* (éter) está separado, el *antaḥkaraṇa* (mente, intelecto y ego) está separado, *śabda* (sonido), *sparśa* (tacto), *rūpa* (forma), *rasa* (sabor) y *gandha* (olor) están separados; *prakṛti*, *pṛthvī*, *jala* y *māyā*, *śuddhavidyā*, *īśvara* y *sadāśiva* están todos separados. *Vibhaktamābhāti*, de la misma manera, todo este universo brilla en el espejo de Parabhairava.

śiva-śakti-sadāśivatām-
īśvara-vidyā-mayīṁ ca tattva-daśām ǀ
śaktīnāṁ pañcānāṁ
vibhakta-bhāvena bhāsayati ǀǀ *14* ǀǀ

* "En un espejo [corriente], este universo aparece desde fuera del espejo, pero en el espejo de Bhairava, este universo aparece solo por Su *svātantrya*" (notas manuscritas de Swami Lakshmanjoo).

14. Él (Paramaśiva) revela como separados de Sí mismo a los *tattvas* de las cinco *śaktis* (energías) (*cit*, *ānanda*, *icchā*, *jñāna* y *kriyā*) que son *śiva*, *śakti*, *sadāśiva*, *īśvara* y *vidyā*.

Ahora, como ya saben —los lectores también ya saben—, hay cinco grandes elementos: *śiva*, *śakti*, *sadāśiva*, *īśvara* y *śuddhavidyā*. Estos son los cinco elementos más puros de la manifestación. Esta es la primera manifestación, la manifestación pura, que ha comenzado desde *śiva tattva*. *Śiva tattva* y *śakti* en realidad son un elemento. *Sadāśiva tattva* es el segundo, *īśvara tattva* es el tercero y *śuddhavidyā tattva* es el cuarto. Y *śakti* es el segundo elemento. *Śiva* es el primero, *śakti tattva* es el segundo, *sadāśiva tattva* es el tercero, *īśvara tattva* es el cuarto y *śuddhavidyā tattva* es el quinto.* Estos cinco elementos puros, *śaktīnāṁ pañcānāṁ vibhakta*, estos primeros cinco elementos puros han aparecido, han sido creados; *śaktīnāṁ pañcānāṁ vibhakta bhāvena*, cuando estas cinco energías han aparecido (*vibhakta bhāvena*).

En *śiva tattva* solo existe la manifestación... en *śiva tattva*, el *yogī* solo percibe *śiva tattva*. *Śakti tattva* es uno con eso. Cuando percibes el estado de *śakti tattva*, en ese *śakti tattva*, el *yogī* de primera clase percibe dos elementos: *śiva tattva* y *śakti tattva*. Cuando contempla *sadāśiva tattva*, en ese *sadāśiva tattva*, el *yogī* percibe tres elementos: *śiva tattva*, *śakti tattva* y *sadāśiva tattva*. En *īśvara tattva*, el *yogī* percibe *śiva tattva*, *śakti tattva*, *sadāśiva tattva* e *īśvara tattva*. Y en *śuddhavidyā* tienes las cinco energías.

---

* "Śiva ha tomado cinco formaciones de Su pura naturaleza de la conciencia de Dios. La primera formación (suprema) es *śiva*, la segunda es *śakti*, la tercera es *sadāśiva*, la cuarta es *īśvara* y la quinta es *śuddhavidyā*. *Śiva ādi śuddhavidyāntaṁ*, justo desde *śiva* hasta *śuddhavidyā*, *yat śivasya svakaṁ vapuḥ*, estas son las formaciones del mismo Śiva sin ninguna distinción. Allí no hay distinción de *bheda* (dualidad). *Śiva* está lleno de conciencia de Dios, *śakti* está lleno de conciencia de Dios, *sadāśiva* está lleno de conciencia de Dios, *īśvara* está lleno de conciencia de Dios y *śuddhavidyā* está lleno de conciencia de Dios. La conciencia de Dios ya está llena en estos cinco estados. Por lo tanto, estos cinco estados son los propios estados de Śiva, [Sus] estados puros". Swami Lakshmanjoo, *Tantrāloka* 6.41, archivo de USF. Para una explicación más detallada de los *śuddha tattvas* (elementos puros), ver *Shaivismo de Cachemira, el Supremo secreto*, capítulo 1.

Este es el modo de la creación, cómo aparece en este mundo. Y Él hace que lo sientas así, de manera diferenciada. En realidad, no se lo siente así. Si vas a Su "verdad", entonces no hay nada. Nada es creado. Nada ha comenzado a crear. Todo es el juego de un Parabhairava y la colección de todas estas energías.

paramaṁ yat svātantryaṁ
durghaṭa-saṁpādanaṁ maheśasya ।
devī māyā-śaktiḥ
svātmāvaraṇaṁ śivasyaitat ।।*15*।।

15. La libertad suprema del Señor es capaz de lograr lo que aparentemente es imposible: el autoocultamiento de Śiva por la diosa que es *māyā śakti*.

El mayor *svātantrya** del Señor Śiva es *durghaṭa saṁpādanaṁ*, lo que ningún ser limitado puede manejar. Nadie tiene suficiente poder como para manipular de este modo. Eso es *durghaṭa saṁpādanam*.

Durghaṭa saṁpādanam. Lo que es y lo que no es; por el *svātantrya* de la *māyā śakti* de Parabhairava, lo que es se convierte en lo que no es y lo que no es se convierte en lo que es. Lo que es posible, eso se vuelve imposible. Lo que es imposible, eso se vuelve posible. Este es el *svātantrya* de Parabhairava.

No era posible que Parabhairava se convirtiera en el *jīva* (el individuo limitado) y que el *jīva* se convirtiera en Parabhairava. Pero el *jīva se* convierte en Parabhairava; Parabhairava se convierte en el *jīva*. Esto es solo *māyā śakti*. Estos son los rumbos de Parabhairava.

Por medio de *māyā śakti*, Él hace que te absorbas en el estado de sueño y que te intereses por lo que estás soñando. Por ejemplo,

---

* Libertad absoluta. Para una explicación de *svātantrya śakti*, ver el Apéndice A2.

sueño que ya no existimos. Y, a veces, sueño que todos existimos. Pero la existencia y la no existencia no tienen valor.

Es *durghaṭa saṁpādanaṁ maheśasya*. Y este es el comportamiento real de la *māyā śakti* de *svātantrya*, Su *svātantrya*.

Y eso es *svātmāvaraṇaṁ śivasya*, esta es la cobertura con la que Él cubre Su propio cuerpo. ¿Quien? Parabhairava. Parabhairava solo cubre su propio cuerpo y no está disponible en ninguna parte. No lo puedes encontrar aunque lo busques día y noche.

māyā-parigraha-vaśād
bodho malinaḥ pumān paśur-bhavati I
kāla-kalā-niyati-vaśād
rāgāvidyā-vaśena saṁbaddhaḥ I I *16* I I

16. La conciencia, manchada por tomar a *māyā* sobre sí, se convierte en *puruṣa*, el sujeto limitado. (El *puruṣa*) está ligado por la fuerza del tiempo, la creatividad limitada, la limitación, el apego y el conocimiento limitado (*kāla*, *kalā*, *niyati*, *rāga*, *vidyā*).

Bodha significa *sarvajñatva sarvakartṛtva māyo'pi'bodhaḥ*. *Bodha*, Dios, es capaz de toda acción (*sarvakartṛtva*), es capaz de todo conocimiento (*sarvajñatva*), es omnisciente, pero *māyā parigraha vaśād*, Él, por Su *māyā parigraha*, por *māyā svīkāreṇa*, Él le pide a *māyā* que abrume a Su *bodha*. "Que Mi *bodha* sea disminuido por *māyā*. Mi energía omnisciente que todo lo hace, quiero disminuirla [risas].

Y al invitar a *māyā* a atacarlo para que Él no sea capaz de todo conocimiento y toda acción, *parigraha vaśāt*, se convierte en el esclavo de *māyā*. *Pāratantrībhūtatvāt*, y Él se convierte en *paśu*, después se convierte en el alma individual. *Paśu* significa *māyāyāḥ pālyaḥ*. *Māyāyāḥ pālyaḥ pāśyaśc*, *māyā* se ocupa de Su sustento y *māyā* también lo ata con Su cuerda para que Él no siga adelante y le pida regresar nuevamente al estado de Parabhairava. Está atrapado con *māyā*.

Kāla kalā niyati vaśāt. Kāla, kalā, niyati, rāga y *avidyā*, por medio de estas Él queda atrapado.*

Kāla lo atrapa para que no se vuelva eterno, para que no exista eternamente. Su existencia ocurre durante un período. *Kāla* significa que solo está en el presente. En el pasado, no existe. En el futuro, no existe. En el presente, Él existe. *Kāla* significa que Su eternidad está disminuida y Se vuelve limitado en el ciclo de tiempo. Se ha convertido en esclavo del tiempo.

Y Él es *kalā*. *Kalā* significa que Su acción ilimitada ha sido disminuida y ha tomado la posición de *kalā*, solo alguna acción limitada.

Niyati: Él es omnipresente y, por esta limitación, solo se extiende en su propia casa, en los Estados Unidos. No se lo encuentra en ninguna otra parte. De lo contrario, se lo encontraría en todas partes.

Rāga: Él era *pūrṇa*, era pleno, sin ninguna carencia, y ahora está lleno de deseos; necesita cosas. Él se da cuenta, "Hay un hueco en mí. Quiero esto, quiero eso, quiero esto otro". *Rāga* es desearlo todo. Hay carencia. ¿Saben lo que es la carencia?

"¿Quieres una vasija?". "¡Sí, quiero una vasija!".

"¿Quieres un borrador?". "Sí, quiero un borrador".

"¿Quieres guantes?". "Sí, quiero guantes". Es apego por todo, es un deseo de tenerlo todo.

Niyati significa el deseo de tener solo una cosa en particular. Eso es *niyati*. "Quiero, *bas*, otro traje. *Bas*, eso es todo, porque necesito otro traje. Eso es *niyati*.†

Y *avidyā* significa conocimiento limitado. El conocimiento ilimitado se ha terminado. El conocimiento limitado está presente.‡

---

* Junto con *māyā*, estos constituyen los *ṣaṭ* (seis) *kañcukas* (coberturas).

† *Niyati* es la cobertura que te une a una situación, tiempo o lugar en particular. [*Nota del editor*]

‡ "*Kalā, vidyā, rāga, kāla*, y *niyati*, estos cinco elementos son solo frutos, ramificaciones, de *māyā*. *Kalā* significa la capacidad de hacer algo, *vidyā* significa la capacidad de conocer algo, *rāga* significa la capacidad de algún apego (no apego universal), *niyati* significa la capacidad de limitación del espacio, *kāla* significa la limitación del tiempo". Swami Lakshmanjoo, *Tantrāloka* 9.41, archivo de USF. Para una explicación más detallada de los *kañcukas*, ver el Apéndice A4.

Por esto, Él es *saṁbaddhaḥ*; *saṁbaddhaḥ* significa que se ha convertido en un ser limitado.

Ahora, Abhinavagupta define, clarifica qué quiere decir eso en palabras claras.

adhunaiva kiṁcid-eve-
dameva sarvātmanaiva jānāmi |
māyā-sahitaṁ kañcuka-
ṣaṭkam-aṇor-antar-aṅgam-idam-uktam || *17* ||

17. "Ahora, esto es algo que conozco por completo". Junto con *māyā*, esto forma el velo séxtuple (*kañcuka*) y se dice que estos son los órganos internos del ser limitado.

Adhunaiva, es la limitación del tiempo (*kāla*). *Adhunaiva*, solo en el presente, por ejemplo, "Ahora estoy en 1990. No existo en 1981. Solo existo en 1990. En 1920, no sé si existí o no". Esto es *adhunaiva*. Esto lo restringe en el tiempo. Aunque era intemporal —estaba en el presente, en el pasado y en el futuro—, ahora solo reside en el período presente.

Kiṁcit eva, solo domina y está alerta para el trabajo en informática pero no hará ningún otro trabajo; Él no puede hacer otro trabajo.* En todo, solo encuentra manejos inadecuados. Ha perdido por completo la capacidad de finalizar y solo hay limitación. *Kiṁcit eva*, por ejemplo, "Solo puedo hacer algunos trabajos. Solamente puedo hacer este trabajo".

Idam eva, esto es *niyati*; *idam eva* significa, por ejemplo, "Ahora estoy transitando mis ochenta y tres años. Mis ochenta y dos se han ido. Los ochenta y cuatro aún no han llegado". Esta es la limitación del tiempo.†

* Esta es la limitación de *kalā*, acción limitada.

† "*Niyati* es que estoy viviendo en tal lugar, en tal tiempo". Swami Lakshmanjoo, *Tantrāloka* 11.37, archivo de USF.

Sarvātma naiva significa, por ejemplo, "Todo me falta. Quiero sentirme leno (harto). Quiero almacenar cosas".*

Jānāmi significa, por ejemplo, "Solo sé el *Tantrāloka*. Solo sé sobre shaivismo. No sé sobre *vedānta*. No sé nada más".†

Māyā sahitaṁ, junto con *māyā*, esto es *kañcuka ṣaṭkam*‡, esta es la cobertura séxtuple, y es *antaraṅgam*, es una cobertura muy sutil.

Hay tres tipos de coberturas. Esta es la cobertura sutil. La otra es la cobertura densa. Y en el centro está la del medio.

Así como en una semilla está la cobertura media que es separada de la cobertura media, esta es la cobertura grosera,§ la cáscara de la semilla. Esa cobertura exterior, que se llama *keser*¶, lo que se usa mezclado en el barro para las paredes.** Esa es la cáscara.

Y la otra es la cobertura media. La cobertura media es cuando lo mueles, hay algo de polvo, pero tiene algo de grosor.

Y la otra es la que no puedes separar del grano. Esa es la cobertura interna (*antaraṅga*). Ese es este tipo de *kañcuka* sutil††.

Antaraṅga kañcuka, el *kañcuka* medio (la cobertura media) y la cobertura densa.

kambukam-iva taṇḍula-kaṇaviniviṣṭaṁ
bhinnam-apyabhidā ǀ
bhajate tat-tu viśuddhiṁ
śiva-mārgaunmukhya-yogena ǀǀ *18* ǀǀ

---

* Esta es la limitación de *rāga*, el apego general, inespecífico.

† Esta es la limitación de *vidyā*, el conocimiento limitado.

‡ Esto se llama *māyāṇḍa*, el círculo en forma de huevo de *māyā*, donde residen los elementos desde *māyā* hasta *puruṣa*. Los seis *kañcukas* incluyen a *puruṣa*. "*Puruṣa* significa 'ser cubierto'". Swami Lakshmanjoo, *Tantrāloka* 10.99-100, archivo de USF.

§ Aquí, las coberturas sutil, mediana y grosera se refieren a los círculos en forma de huevo de *māyā-aṇḍa*, *prakṛti-aṇḍa* y *pṛthvī-aṇḍa*, como se mencionó anteriormente en la estrofa 4. Ver también el Apéndice A8.

¶ Cáscara de arroz.

** La cáscara externa del arroz (*keser*) se mezcla con tierra y se usa como revoque de yeso en las paredes.

†† Aquí, está utilizando *kañcuka* en el sentido literal como "cobertura".

18. Al igual que se considera a la cáscara como una con el grano de arroz aunque está separada, (así el conjunto de seis *kañcukas*,) aunque en un sentido están separados del individuo, se consideran uno con él. Sin embargo, los seis *kañcukas* son purificados al volverse hacia el camino de Śiva.

Kambukamiva, al igual que el *kambuk* (*kambuk* significa *komb*; *komb* significa esa cáscara), aunque es *taṇḍulakaṇa viniviṣṭaṁ*, está pegada al grano de arroz, *bhinnam api*, aunque está separada...

Porque tiene vitaminas; solo se la puede separar moliéndola. Y será un polvo muy fino. Como la levadura. ¿Conocen la levadura?

... aunque está separado —pero es como la levadura; esa es la cobertura interna—, *bhajate tattu viśuddhiṁ*, y se aclara, esto no se elimina por el esfuerzo, esto solo se elimina mediante el *śaktipāta* (gracia) de Parabhairava. Si hay *tīvra śaktipāta* de Parabhairava, esa cobertura interna es removida. De lo contrario, no es posible que sea eliminada. Necesita *śaktipāta**, la voluntad del Señor Śiva.

Esta era la cobertura de *māyā*. Ahora, la cobertura de *prakṛti*. *Prakṛti* es la forma media de cobertura.†

sukha-duḥkha-moha-mātraṁ
niścaya-saṁkalpanābhimānāc-ca ।
prakṛtir-athāntaḥ-karaṇaṁ
buddhi-mano'haṅkṛtiḥ-kramaśa ।।*19*।।

19. (Primero) *prakṛti* (la naturaleza) que no es más que placer, dolor e ilusión, y luego los órganos internos que son sucesivamente *buddhi*, *manas* y *ahaṁkāra* (discernimiento, pensamiento y egoidad) aparecen porque tiene lugar el juicio (*niścayaḥ*), el pensamiento (*saṁkalpa*) y el orgullo (*abhimāna*).

---

* Sobre los nueve niveles de *śaktipāta*, ver el Apéndice A7.

† *Prakṛti-aṇḍa*, el círculo en forma de huevo de *prakṛti*, consiste en los elementos desde *jala* (agua) hasta *prakṛti*.

Prādhānika, etadevā bhogyaṁ bhavati. Prādhānika sarga es la creación de la cobertura por *prakṛti*. La anterior fue la creación de la cobertura por *māyā*, la cobertura sutil. Esta es la creación de la cobertura por parte de *prakṛti*.

Sukha significa *sattvoguṇa*, *duḥkha* significa *rājoguṇa* y *mohamātraṁ* es *tāmoguṇa*: los tres *guṇas*.* Y *niścaya* significa el intelecto, *saṁkalpana* es la mente y *abhimānāḥ ca* es el ego. *Prakṛtir* y *prakṛti*. Es *prakṛti*, *antaḥkaraṇaṁ*†, *kramaśa* (respectivamente). Primero está *prakṛti*, *āntaḥkaraṇa* consta de tres (*manas*, *ahaṁkāra* y *buddhi*) y *sāttvoguṇa*, *rājoguṇa* y *tāmoguṇa* son tres. Y el octavo es el *puruṣa*‡, que está enredado. Los otros siete lo enredan.

śrotraṁ tvag-akṣi rasanā
ghrāṇaṁ buddhīndriyāṇi, śabdādau |
vāk-pāṇi-pāda-pāyū-
pasthaṁ karmendriyāṇi punaḥ ||*20*||

20. El oído (*śrotram*), la piel (*tvak*), el ojo (*akṣi*), la lengua (*rasanā*), la nariz (*ghrāṇam*): estos son los órganos de intelección (y tienen al) sonido, etc., (como sus objetos). Además, los órganos de acción son la mano (*pāṇi*), la boca (*vāk*), el pie (*pāda*), los órganos de excreción (*pāyu*) y los órganos de generación (*upastha*).

Ahora, estos (órganos) son densos: *śrotraṁ* significa oído, *tvak* (tacto), *akṣi* (*akṣi* significa *netra*§)...

Akṣi tiene dos formas: un *akṣi* es el proceso interno por el cual hay una conexión con el *ahaṁkāra* (el ego). Y el segundo *akṣi* es solo *golaka*, el ojo físico, que no tiene nada que ver con el *ahaṁkāra*.

---

* Sobre *prakṛti* y los tres *guṇas* ver el Apéndice A1.
† Los órganos internos.
‡ El ser o alma sensible limitada. "Él es realmente el Señor Śiva, siempre". Swami Lakshmanjoo, *Tantrāloka* 9.155, archivo de USF.
§ La vista.

Si los ojos están abiertos y la mente no funciona, no puedes ver con los ojos. Cuando la mente está presente, el *akṣi* está con el *ahaṁkāra*. El ojo físico no tiene relación con el *ahaṁkāra*, solo con el cuerpo. En el momento de la muerte, este ojo no puede observar nada aunque esté abierto.

De la misma manera, *ghrāṇaṁ* (los *buddhīndriyāṇi*, *jñānendri-yāṇi**), y *śabdā-dau*, y *vāk*, *pāṇi*, *pāda*, *pāyu*, *upastha* (el *karmendriyāṇi*†), estos también desaparecen en el momento de la muerte.‡

eṣāṁ grāhyo viṣayaḥ
sūkṣmaḥ pravibhāga-varjito yaḥ syāt ǀ
tanmātra-pañcakaṁ tat
śabdaḥ sparśo maho raso gandhaḥ ǀǀ*21*ǀǀ

21. Ese campo objetivo sutil que sería sin calificación objetiva es la péntada de los *tanmātras* que son el sonido (*śabda*), la sensación táctil (*sparśa*), la forma (*rūpa*), el sabor (*rasa*) y el olor (*gandha*).

---

* *Buddhīndriyāṇi* y *jñānendriyāṇi* son términos sinónimos que significan los órganos de cognición o conocimiento, que se componen de *śrotraṁ* (oído), *tvak* (piel), *cakṣu* (ojo), *rasanā* (lengua) y *ghrāṇa* (nariz). Ver Introducción y *Shaivismo de Cachemira, el Supremo secreto*, capítulo 1.

† Los cinco órganos de acción son *vāk* (habla), *pāṇi* (mano), *pāda* (pie), *pāyu* (órgano de excreción), *upastha* (órgano creativo). Ver *Shaivismo de Cachemira, el Supremo secreto*, capítulo 1.

‡ "*Puryaṣṭaka* lleva las impresiones una y otra vez, de nacimiento a nacimiento, extrae impresiones. De lo contrario, si *puryaṣṭaka* fuera no existente, en el momento de la muerte estarías unido a Dios automáticamente, sin hacer nada. *Puryaṣṭaka* es el que causa problemas". Swami Lakshmanjoo, *Parātrīśikā Vivaraṇa*, archivo de USF. "Cuando los cinco *tanmātras* dan lugar a los tres órganos intelectuales (el intelecto, la mente y el ego), colectivamente hay ocho órganos. Se dice que estos ocho órganos son *puryaṣṭaka* [lit. la "ciudad de los ocho"] y funcionan en nuestro estado de sueño. El *puryaṣṭaka* te impide llegar a la realidad de tu Ser. Cuando la realidad de tu naturaleza es ignorada, entonces dependes del disfrute que no puede ser rechazado. Debido a esto, la rueda de repetidos nacimientos y muertes te enreda y juega contigo". Traducción de Swami Lakshmanjoo de *Spanda Karikā* 3.17-18 en el comentario de *Śiva Sūtras, el despertar supremo* 3.2.

Estos *tanmātras* son *śabda*, *sparśa*, *rūpa*, *rasa* y *gandha*. *Śabda* (sonido) surge de *śrotra* (el oído), *sparśa* (tacto) proviene de la piel (*tvak*), *rūpa* (forma) surge de los ojos (*cakṣu*), *rasa* (gusto) proviene de *rasanā* (la lengua) y *gandha* (olfato) proviene de *ghrāṇa* (la nariz). Estos, el olfato, etc., surgen de *jñānendriyāṇi**. Y, de la misma manera, *śabda*, *sparśa*, *rūpa*, *rasa* y *gandha* son densos; *śrotra*, *tvak*, *akṣi*, *rasanā* y *ghrāṇa* son sutiles.

etat-saṁsarga-vaśāt
sthūlo viṣayastu bhūta-pañcakatām |
abhyeti nabhaḥ pavanas-
tejaḥ salilaṁ ca pṛthvī ca ||*22*||

22. Sin embargo, por la fuerza de la mezcla de estos (*tanmātras*) los objetos densos (de conocimiento y acción) se convierten en los elementos éter, aire, fuego, agua y tierra.

Cuando da un paso más hacia afuera, entonces está el *viṣaya*† denso, y el campo denso de esta creación se convierte en *pañca mahābhūta*, los cinco grandes elementos. Son completamente densos: *pṛthvī* (tierra), *jala* (agua), *agni* (fuego), *vāyu* (aire) y *ākāśa* (espacio, éter). Los cinco *tanmātras* se convierten en los cinco *bhūtas* (grandes elementos).‡

tuṣa iva taṇḍula-kaṇikām-
āvṛṇute prakṛti-pūrvakaḥ sargaḥ |
pṛthvī-paryanto'yaṁ
caitanyaṁ deha-bhāvena ||*23*||

---

* Los órganos del conocimiento. Ver *Shaivismo de Cachemira, el Supremo secreto*, capítulo 1.
† Esfera.
‡ Ver *Tantrāloka* 9 para un detalle de la génesis de los elementos.

23. Al igual que la cáscara cubre el grano de arroz, la creación, comenzando con *prakṛti* y terminando con la tierra, oculta la conciencia con el estado físico.

Tuṣa iva taṇḍula-kaṇikām-āvṛṇute. Al igual que *dhānya carma* (*dhānya carma* significa la cobertura tosca) —vuelve al primer paso, la cobertura tosca de una semilla—, *taṇḍula kaṇikāma āvṛṇute*, el grano de arroz está cubierto por la cobertura tosca, que es igual a *prakṛti pūrvakaḥ sargaḥ*. Esta es la creación desde *prakṛti* hasta *pṛthvī paryanta* (ascendiendo hasta *pṛthvī*). Y cubre *caitanyaṁ*, la conciencia que reside en el cuerpo, llevando a la conciencia al ser corporal. Entonces se da cuenta, "Estoy viviendo". Llama "yo" a su cuerpo, no al dichoso estado de conciencia interno.

En otras palabras, las coberturas son sutil (*parā*), media (*sūkṣma*) y grosera (*sthūla*), los tres *malas** que cubren el estado de Parabhairava, por Su propio libre albedrío.

paramāvaraṇaṁ mala iha,
sūkṣmaṁ māyādi kañcukaṁ, sthūlam ।
bāhyaṁ vigraha-rūpaṁ,
kośa-traya-veṣṭito hyātmā ।।*24*।।

24. Aquí la cobertura suprema es *mala*, el velo sutil es el que comienza con *māyā* y el velo denso es lo externo en la forma de los objetos, porque el Ser está envuelto por tres coberturas.

* Aunque el significado literal de *mala* es "impureza", como en el verso citado anteriormente de la invocación de la *Bhojavṛtti*, el comentario de Bhoja sobre los *Yoga Sūtras de* Patañjali (ver comentario en las estrofas 2 y 3), según el shaivismo de Cachemira, "los *malas* son solo la ausencia de conocimiento y no algo sustancial". Swami Lakshmanjoo, *Tantrāloka* 9.75, archivos de USF.

En la formación de ser un individuo, Śiva queda envuelto por estas tres coberturas. He escrito su significado aquí al lado.* *Āṇavamala* es supremo, *māyīyamala* es menos sutil y *kārmamala* es denso.

Kārmamala, por el cual él dice: "Estoy bien, soy *sukhi* (feliz), no soy feliz, tengo dolor", así. Esto es *kārmamala*, por medio de la acción.

Kośa traya veṣṭito hyātmā, estas tres coberturas cubren totalmente esta conciencia de Dios, de modo que no puede liberarse de esta cobertura. Está atrapado en *māyā* por Su propio libre albedrío.

JOHN: Los tres *malas* corresponden a las tres: denso, media y sutil. Entonces *kārmamala* es denso, *māyīyamala* es medio y *āṇavamala* es sutil.

SWAMIJI: Sí.†

ajñāna-timira-yogād
ekam-api svaṁ svabhāvam-ātmānam |
grāhya-grāhaka-nānā-
vaicitryeṇāvabudhyeta ||25||

25. (El Ser, Śiva) debido a que ha entrado en contacto con la oscuridad de la ignorancia es consciente de su Ser esencial en la variada diversidad de objetos y sujetos.

Ajñāna timira yogāt, es algo así como una enfermedad. Él acepta esta enfermedad en Su propia naturaleza divina, invita a esta enfermedad de ver a muchos a través de la pupila de Su ojo. Es como una enfermedad por la cual, cuando miras a la luna, ves

* परंमलं= आणवं, सूक्ष्मंमलं= मायीयं, स्थूलंमलं= कार्ममलं. *paraṁ-malaṁ= āṇavaṁ*, *sūkṣmaṁ-malaṁ= māyīyaṁ*, *sthūlaṁ-malaṁ= kārma-malaṁ*. "Por estas tres coberturas, Śiva es envuelto en la formación de ser un individuo" (notas manuscritas de Swami Lakshmanjoo).

† Para una explicación más detallada de los *malas*, ver el Apéndice A3 y también *Shaivismo de Cachemira, el Supremo secreto*, capítulo 7.

varias lunas. Este defecto en tus ojos es tuyo. Es una enfermedad. Él invita a esa enfermedad por medio de Su juego. La enfermedad es *ajñāna* (ignorancia).

Ajñāna timira, *timira* es el *katsha timira*[*] por el cual ves no solo dos lunas en una; ves una fila de lunas, una fila de soles, una fila de estrellas. Le dices a los demás:

—Miren, ¡hay tantas lunas!

Ellos quedan atónitos, perplejos. Te responden,

—No, solo hay una luna. ¿Qué dices?

—¡*Bakwas*[†]! ¡*Bakwas*! Yo las veo.

Entonces, *grāhya grāhakanānā vaicitryeṇa*, Él ve que allí está Jonathan, allí está John Hughes, allí está Viresh, allí está Denise, allí está Lakshmanjoo, allí está Bhagawan Das; hay tantos individuos. Aunque hay un Ser, un Parabhairava, un Parabhairava se ha convertido en muchos y Él percibe muchos en uno.

Es como una enfermedad que Él ha invitado para Sí mismo por medio de su propio juego.

Él la acepta. Él la invita. Pero, aunque Él la invita y el Uno se ha convertido en muchos (*kālakalāni jivaśat*, Él se ha convertido en cien, miles, el Uno se ha convertido en millones), es Su juego.

No puedes negarlo. ¡Él lo ve! Si algo es visto, no puedes decir: "¡No, no está allí!". Aquí hay una población de mil habitantes. ¿Lo negarás, negarás la población de Nepal? Tanto cafre disgustado, cafres pequeños; también buenos y pobres. Hay tantos. No puedes negarlo.

Así, un Ser se ha convertido en muchos. Y este es el juego.

rasa-phāṇita-śarkarikā-
   guḍa-khaṇaḍādyā yathekṣu-rasa eva ।
tadvad avasthābhedāḥ
   sarve paramātmanaḥ śaṁbhoḥ ।।*26*।।

---

* El significado literal de *katsha timira* es ver la luna de manera defectuosa.
† Tonterías.

26. Al igual que el almíbar, el azúcar moreno, la melaza y el azúcar refinado son solo el jugo de la caña de azúcar, todas estas condiciones diferentes son Śaṁbhu, el Ser supremo.

Yogarāja, el comentarista del *Paramārthasāra* de Abhinavagupta, se refiere a este *śloka* de Śaṁbhu Bhaṭṭāraka. Śaṁbhu Bhaṭṭāraka era una gran alma. Él dijo:

eko bhāvaḥ sarva-bhāva-svabhāvaḥ
sarve bhāvā ekabhāva-svabhāvāḥ |
eko bhāvas-tattvato yena dṛṣṭaḥ
sarve bhāvās-tattvatastena dṛṣṭāḥ ||

Eko bhāvaḥ, un Ser (un Ser que es el Señor Śiva, Parabhairava) se ha convertido en *sarva bhāva svabhāva*, Él se ha convertido en muchos, desde ese insecto hasta *śānta kala*.* Se ha convertido en tantos. *Sarve bhāvā eka bhāva svabhāvā*, y todos estos son en realidad *eka bhāva svabhāvā*, en realidad esto es solo el juego de Uno, es decir, Parabhairava, *bas*. Es solo *eka bhāva* (un Ser). Todos son uno. Uno son muchos; el Uno se ha convertido en muchos.

Eko bhāvas-tattvato yena dṛṣṭa, y el afortunado que ha realizado qué es *eko bhāva* (un Ser), que lo ha realizado por medio del *tīvra śaktipāta*† de Parabhairava, *sarve bhāvāḥ tattvatastena dṛṣṭā*, ha realizado a todos los seres.

Entonces, todos los seres son iguales a un Ser, un Ser es igual a todos los seres. No existe una diferencia entre todos los seres y un solo ser. ¿Correcto?

Bhagavadgītāsvapi, también en la *Bhagavad Gītā*, el Señor Kṛṣṇa le explica esto a Arjuna:

* "Cuando terminan la agitación y las mareas de estas capas séxtuples (*kañcuka taraṅga upaśamāt*), *śāntā nāma kalā*, eso se llama *śāntā kalā*. *Śāntā kalā* es el círculo en el que todas las agitaciones de estas coberturas séxtuples han terminado. *Śāntā kalā* existe, *sā ca śuddhavidyādiśaktyante sthitā iti*, desde el elemento *śuddhavidyā* hasta *śakti*". Swami Lakshmanjoo, *Janma Maraṇa Vicāra*, archivo de USF. Ver también el Apéndice A8.

† Sobre *śaktipāta* (gracia), ver el Apéndice A7.

sarva-bhūteṣu yenaikaṁ bhāvamakṣayamīkṣate ।
avibhaktaṁ vibhakteṣu tajjñānaṁ viddhi sāttvikam ।।*

El conocimiento *sátvico* es aquel por el cual una persona afortunada ve solo un *bhāva*, un estado de ser, que es indiferenciado en lo diferenciado. ¿Quién es indiferenciado? Bhairava, el Ser. Indiferenciado en el mundo diferenciado. *Tat jñānaṁ*, ese conocimiento es conocimiento *sátvico*, es verdadero conocimiento. El otro (conocimiento de *rājas* y *tāmas*) es *bakwas* (tonterías).†

vijñānāntaryāmi-
prāṇa-virāḍ-deha-jāti-piṇḍāntāḥ ।
vyavahāra-mātram-etat
paramārthena tu na santyeva ।।27।।

27. *Vijñāna*, *antaryāmi*, *prāṇa*, *virāt*, *deha*, *jāti* y *piṇḍa*, etc., estos solo tienen una realidad práctica (*vyavahāra*). Desde el punto de vista de lo último, en realidad no existen.

Ahora menciona las variedades, las diferencias, entre los filósofos; diversos filósofos diferentes de los shaivitas.

Algunos dicen: "Solo el conocimiento, *vijñāna*, es Dios".
Algunos dicen: "*Antaryāmi*‡ es Dios".
Algunos dicen: "Solo la respiración (el *prāṇa*) es Dios".
Algunos dicen: "La universalidad§ es Dios".
Algunos dicen: "*Jāti*¶, ser, es Dios".

---

* *Bhagavad Gītā*, 18.20.

† "Debes entender, sabrás que *avyayam bhāvam*, ese estado de conciencia de Dios imperecedero reside en todos los seres... De esa manera, no odiarás a nadie. Si odias a alguien, significa que no encuentras el estado de conciencia de Dios en esa persona. Si alguna vez descubrieras que el estado de conciencia de Dios está en esa persona, no lo odiarías". Swami Lakshmanjoo, audio de la *Bhagavad Gītā*, archivo de USF.

‡ *Antaryāmi*, generalmente traducido como "el alma interior".

§ El universo material.

¶ *Jāti* significa "igualdad en la diferenciación". [*Nota del editor*]

Piṇḍa significa: "El cuerpo es Dios". Eso es *piṇḍa*. Ese es uno de los modos del ateo. Dicen que el cuerpo lo es todo.

Vyavahāra mātram etat, estos son solo variedades de pensamientos. *Paramārthena tu na santyeva*, de hecho, en el sentido real, desde el punto de vista real, estas cosas no existen en absoluto. Es solo una obra de Dios.

JOHN: ¿Cuál era la segunda idea de quién era Dios, señor?

SWAMIJI: *Vijñānaṁ brahma**, los *vijñānavadines* dicen que solo el conocimiento es Brahma. Algunos dicen que la respiración es Brahma. Algunos dicen que la universalidad es Brahma; este ser universal, el universo, es Brahma. Algunos dicen que *jāti* es Brahma.

Jāti significa, por ejemplo, como el Señor Kṛṣṇa le ha relatado a Arjuna en la *Bhagavad Gītā*, que, "entre los árboles, soy *un aśvattha*"†. Hay árboles, *jāti* significa un ciruelo. "Ciruelo" es conocimiento diferenciado, "árbol" es conocimiento indiferenciado. Con respecto a los árboles, hay conocimiento diferenciado e indiferenciado. Cuando percibes un ciruelo, distingues al ciruelo de todos los otros árboles. Eso es *jāti*‡.

JOHN: ¿Hay diferenciado e indiferenciado cuando separamos? Dijiste que cuando ves un ciruelo, hay diferenciado e indiferenciado.

SWAMIJI: "Árboles" es indiferenciado. Con respecto a los árboles, cuando dices "árboles", todos los árboles están incluidos, por ejemplo, un ciruelo, un árbol kobhani, etc.

JOHN: Es solo la cualidad de ser árbol, solo árbol.

SWAMIJI: Árbol. Y cuando dices "ciruelo", un ciruelo es la clase

---

* Swamiji se refiere a Brahman, el Absoluto, y no a Brahmā, el dios de la creación.

† "El árbol *aśvattha* es existente aquí en este universo. Tiene *urdhva mūlam*, tiene raíces en el estado de Parabhairava, en *śāntātītā kalā*. *Adhaḥ śākham*, las ramas de este árbol se extienden hacia abajo en el *kalagnirūdra*. Y el *aśvattha* [la higuera] es *prāhur*, se dice que es *avyayam* (imperecedero)... El *saṁsāra* es este manifestación de Parabhairava. Tienes que cortar las ramas de este *saṁsāra*, abajo, y solo mantener las raíces superiores. Las ramas son variedades de su manifestación inferior en el mundo". Swami Lakshmanjoo, video de la *Bhagavad Gītā*, archivo de USF.

‡ El significado literal de *jāti* es casta, clase, raza o especie. [*Nota del editor*]

diferenciada. Y cuando dices "árbol", "árbol" es la clase más indiferenciada. En la palabra "árbol", todos los árboles están incluidos. En "ciruelo", solo se incluyen los ciruelos. En los árboles frutales... es así.

JOHN: Entonces, ¿qué es Dios en esto? ¿Dios es la totalidad indiferenciada de todo?

SWAMIJI: Él es lo indiferenciado en los seres diferenciados. Ambos aparecen lado a lado en este mundo.

Pero *vyavahāra mātram etat*, es solo *vyavahāra*.* De hecho, esto indiferenciado y diferenciado no existen en absoluto. Es un juego del Señor Śiva.

tīrtha-kriyāvyasaninaḥ svamanīṣikābhirutprekṣya tattvam-iti yadyad amī vadanti |
tat tattvam-eva bhavato'sti na kiṁcidanyat saṁjñāsu kevalamayaṁ viduṣāṁ vivādaḥ ||
[estrofa del comentario de Yogarāja]

Tīrtha-kriyāvyasaninaḥ, aquellos que van profundo en la profundidad de todos los *śāstras* (*tīrtha* significa *śāstras*) y *svamanīṣikābhir utprekṣya*, por su propia comprensión, *utprekṣya*, determinan que "esta es la realidad de Dios", en realidad no están comprendiendo cuál es el camino correcto. Solo piensan que este es el camino correcto desde su punto de vista limitado.

Tat tattvameva bhavato'sti na kiṁcidanyat, existen algunas grandes almas que conocen exactamente...

rajjvāṁ nāsti bhujaṅgas-
trāsaṁ kurute ca mṛtyu-paryantam |
bhrānter-mahatī śaktir-
na vivektuṁ śakyate nāma ||28||

* "Las actividades mundanas que residen en la diferenciación, el conocimiento diferenciado". Swami Lakshmanjoo, *Tantrāloka* 7.30, archivo de USF.

28. No existe una serpiente en la cuerda (y sin embargo, cuando es considerada como una serpiente), causa un miedo que incluso lleva a la muerte. El gran poder de la ilusión (*bhrānti*) no puede ser entendido.

*asadarthapratipādanasāmarthyam**
[comentario de introducción a la estrofa 28]

Aquello no existe y haces que exista por tu confusión. No lo entiendes de la manera correcta, lo comprendes mal y haces que aparezca de esa manera.

Rajjvāṁ nāsti bhujaṅgas. Rajjvam, en la percepción de una cuerda, *nāsti bhujaṅga*, la existencia de percibir una serpiente no existe, la existencia de percibir una serpiente no está allí pero, aun así, *trāsaṁ kurute ca mṛtyu paryantam*, crea miedo; crea tanta amenaza que no queda la más mínima... no queda nada hasta la muerte, es decir, mueres.

En Srinagar hay un *idgah*† donde los musulmanes realizan *namaz* (oraciones) todos los viernes. El *idgah* es muy grande, es más de cien veces más grande que el palacio del rey de Nepal. ¡Un lugar enorme! Y desde cada punto del valle, desde las aldeas, la gente llega allí los viernes y realiza *namaz*. Piensan que si lo hacen de manera grupal será aceptado por Dios, *kudhatāra*. En los días restantes, allí no hay nadie.

En el centro del *idgah* también hay una mezquita, y en la mezquita hay un lugar para lavarse los pies y los órganos antes de realizar el *namaz*.

Una persona desafió a un compañero. Le dijo: "Si vas allí de noche, tomas esta estaca y la clavas en el suelo ante la mezquita, te daremos cien rupias".

Así lo hizo. Pero estaba muy oscuro, era una noche oscura y

* "Ahora, para establecer lo irreal, ilustra el poder de la ilusión". Ibídem. Nota: El texto original dice "*sāmarthyena*", que Swamiji cambia a "*sāmarthyam*". [*Nota del editor*]

† Un terreno grande para ofrecer plegarias *ramzan*.

estaba vistiendo un *pherin*[*]; desafortunadamente una parte de su *pherin* quedó clavado por la estaca. Clavó la estaca en el suelo y, cuando intentó salir, no pudo. Pensó: "¡Estoy acabado!". Murió por la amenaza. Esto ha sucedido recientemente. Murió de miedo. Pensó, "Un fantasma me ha atrapado".

Esto es *bhrānti*. Esto tiene un gran poder. *Trāsaṁ*, produce una amenaza hasta el punto de causar la muerte. No puedes explicar cuán grande es el poder que tiene esta confusión.

Este fue un ejemplo. Ahora él da la explicación para la cual había dado un ejemplo:

tadvad dharmādharma-
svar-nirayotpatti-maraṇa-sukha-duḥkham ||
varṇāśramādi cātmany-
asadapi vibhrama-balād-bhavati ||29||

29. Asimismo, el dolor, el placer, el nacimiento, la muerte, el cielo, el infierno, lo correcto y lo incorrecto, las castas, las etapas de la vida, etc., aunque en el Ser no tienen una existencia real, existen por la fuerza de la ilusión.

Vibhrama balād-tadvad, de la misma manera, *vibhrama balād*, cuando *māyā* está operando, cuando *māyā* está tomando a los individuos con su fuerza, aunque buenas acciones (*dharma*), *ādharma* (malas acciones); *svar* significa cielo, *niraya* significa infierno, *utpatti* significa nacimiento, *maraṇa* significa muerte, *sukha* significa placer, *duḥkha* significa dolor, *varṇāśramādi* (por ejemplo, "Soy un brahmán, soy un *kṣatriya*, soy un *vaiśya*", etc.)...

Este tipo de percepción que "Soy un *brahmán* con buenas cualificaciones. Soy la cabeza de estos *āśramas*. Soy un *brahmán*.

---

* Una túnica holgada cachemir tradicional.

Tengo *tilak*". Esto es *varṇa*.* Esto es *āśrama*†: "Soy *brahmacāri*‡, soy *gṛhastha* (hogareño), soy *vānaprasta* (habitante del bosque) y soy *sannyāsī* (renunciante)".§

... *atmani asad api*, aunque todo esto no existe en el estado de Parabhairava, *vibhrama balād*, pero, por una confusión, aparece y funciona así.

Otro *śloka*:

etat tad andhakāraṁ
yad bhāveṣu prakāśa-mānatayā ।
ātmānatirikteṣvapi
bhavaty-anātmābhimāno'yam ।।*30*।।

30. Entonces, esta oscuridad es considerar las cosas como el no Ser cuando en realidad no están separadas del Ser porque aparecen.

eṣā sā pūrṇat-vākhyāti-rupā-viśva mohinī bhrāntiḥ¶

* Conciencia de casta (*varṇa*).

† Las cuatro etapas (*āśrama*) de la vida.

‡ "*Brahmacāri vrata* no es ser siempre soltero. *Brahmacāri vrata*, desde el punto de vista *śaiva*, es que debes ver, debes observar en tu mente, que la muerte, la vida, el éxito, el fracaso, el dolor, el placer, la tristeza, la pena, la felicidad, la alegría, el surgimiento, la caída, todo esto es la expansión de Su gloria. Esto es *brahmacāri vrata*."
"*Brahmacāri vrata* es percibir que en todas partes Brahman se está moviendo, en todas partes está el movimiento de la conciencia de Dios. La muerte es el movimiento de la conciencia de Dios, la vida es el movimiento de la conciencia de Dios. Entonces no hay temor, porque el alma siempre está viva, el alma nunca morirá. El cuerpo ya está muerto". Swami Lakshmanjoo, audio de la *Bhagavad Gītā*, archivo de USF.
"*Brahmacāri* es aquel que experimenta esta *kuṇḍalinī*. Él es *brahmacāri*". Swami Lakshmanjoo, El supremo secreto, archivo de USF.

§ "*Brahmacāri* es atadura, *gṛhastha* es atadura, *vānaprasta* es atadura, *śuddhavidyā* es atadura, *īśvara* es atadura, *sadāśiva* es atadura. Hasta Śiva, todo es atadura". Swami Lakshmanjoo, *Tantrāloka* 8.291, archivo de USF.

¶ "Esta misma (*eśā sā*) confusión (*bhrāntiḥ*), la cual engaña al mundo entero (*viśva-mohinī*), es de la naturaleza de (*rupā*) no percepción-ignorancia (*akhyāti-*) de la propia Plenitud (*pūrṇatva*)." (Nota manuscrita de Swamiji de una paráfrasis del comentario de Yogarāja) [*Nota del editor*]

Etat tad andhakāraṁ, esto es *andhakāra*. *Andhakāra* es solo la oscuridad de *māyā*, la comprensión oscura de *māyā*. Esta es la oscura comprensión de *māyā*.

¿Qué es eso?

Yad bhāveṣu prakāśa mānatayā ātmānatirikteṣu, aunque todo este universo, el mundo objetivo de este universo existente, *ātmānatirikteṣu api*, a pesar de que todas estas clases objetivas del mundo no están separadas del estado de Bhairava, por la fuerza de *māyā*, uno siente que están separadas, aunque no lo están.

timirād-api timiram-idaṁ
gaṇḍasyopari mahānayaṁ sphoṭaḥ ।
yad-anātmany-api deha-
prāṇādāvātma-mānitvam ।।*31*।।

31. El que haya una concepción falsa del Ser como solo el cuerpo o como el principio de vida (*prāṇa*), etc., aunque no sean el Ser, es como la oscuridad sobre la oscuridad, es como un gran grano sobre un forúnculo.

Timirād api timiram idaṁ. Es *timir*. *Timir* es una enfermedad, cuando ves muchos en la visión de los ojos. Es más que eso. No solo ves muchos en los ojos, sino que también hueles muchos, tocas muchos, tienes muchos en los cinco sentidos. La multiplicidad es percibida por todos los sentidos, no solo en la visión.

Gaṇḍasyopari mahānayaṁ sphoṭaḥ, es como un gran forúnculo que aparece en tu mejilla que ya es como un forúnculo; la mejilla es como un forúnculo. La mejilla es la parte elevada de tu cara, y en esa mejilla, cuando hay un forúnculo, te vuelves [Swamiji demuestra]. En ese momento, tu mejilla se hincha mucho.

Puede aparecer un forúnculo en estos dedos y también puede aparecer en la mejilla; en ese caso estás que das miedo (*gaṇḍasyopari mahānayaṁ sphoṭaḥ*).

Yadanātmani api deha prāṇādāu, aunque *deha*, *prāṇa*, *puryaṣṭaka*, *śūnya*, todos los cuerpos diferenciados del individuo limitado...

Deha significa el cuerpo existente en la vigilia, *puryaṣṭaka* aquí significa el cuerpo existente en el estado de sueño, *prāṇa* significa el cuerpo existente en el estado sin sueños y *śūnya* significa el cuerpo existente en el estado de *śūnya* (vacío), donde experimentas la nada.

... en estos cuerpos cuádruples, piensas que "Yo soy esto". Aunque esto no es *ātma*, pero él percibe que esto es *ātma*. Esto es como esa especie de enfermedad en tu mejilla. Crees que eres tu propio cuerpo.

Yogarāja, el comentarista del *Paramārthasāra* de Abhinavagupta, hace referencia a Madālasa Yoginī. Ella era una mujer santa, era hogareña. Tenía esposo y había tenido muchos hijos, cuatro o cinco, y solía insertar el conocimiento de Parabhairava en los niños mientras los alimentaba. Mientras crecían más y más día a día, ella insertaba el conocimiento supremo en ellos. Y Yogarāja ha escrito el siguiente *śloka*. Yogarāja también fue genial porque era el discípulo del discípulo de Abhinavagupta. Su maestro fue Kṣemarāja y el maestro de Kṣemarāja fue Abhinavagupta.

yānaṁ kṣitau yānagataśca deho dehe'pi cānyaḥ puruṣo niviṣṭaḥ |
mamatvamurvyāṁ na tathā yathā sve dehe'timātraṁ ca vimūḍhataiṣā || *

Se dice en el *Mārkaṇḍeya Purāṇa*...

Es la historia de Mārkaṇḍa Ṛṣi. Él ha mencionado cómo Madālasa Yoginī trataba a sus hijos, cómo ella los elevó.

... *yānaṁ kṣitau yānagataśca deho*, en realidad, oh hijos, *yānaṁ kṣitau*, cuando estás andando en un carro, un caballo tira de él, vas corriendo por la carretera, en realidad, *yānaṁ kṣitau*, *yānaṁ*, este carro existe en la tierra, *yānagataṣca deho*, el cuerpo de uno

* *Mārkaṇḍeya Purāṇa*, 25.18.

está sentado sobre él, el cuerpo está vivo, pero este cuerpo también está muerto. El cuerpo no es Brahman.

Dehe'pi cānyaḥ puruṣo niviṣṭam, en el corazón del cuerpo está el *puruṣa*, está el *ātma*. *Mamatvamurvyāṁ na tathā yathā sve*, en realidad, deberías haber desarrollado la yo-idad en *pṛthvī* (tierra) porque la base es la tierra, el camino, la carretera. Todo es llevado a cabo en la carretera.

Y la ignorancia de la confusión, *bhrānti*, es que pensamos "Este cuerpo es mío". No piensas, "Esta tierra es mía", la tierra donde realmente estás parado, donde existes en realidad. Existes en la tierra, no existes en el cuerpo, y confundes a tu *ātma* como existente *en* tu cuerpo. Piensas que existe en tu cuerpo y has olvidado que existe en *pṛthvī*.

La mejor forma de entender es que deberías haber insertado tu yo-idad en *pṛthvī*, no en el cuerpo. *Vimūḍhataiṣā*, todos en este mundo tienen esta confusión. ¿Comprenden?

yānaṁ kṣitau yānagataśca deho dehe'pi cānyaḥ puruṣo niviṣṭaḥ ।
mamatvamurvyāṁ na tathā yathā sve dehe'timātraṁ ca vimūḍhataiṣā ।। [repetido]

Entonces dice cómo Él envuelve a su propio Ser, su verdadero Ser:

deha-prāṇa-vimarśana-
dhījñāna-nabhaḥ-prapañca-yogena ।
ātmānaṁ veṣṭayate
citraṁ jālena jālakāra iva ।।*32*।।

32. De manera asombrosa, se envuelve a sí mismo con la esfera de la conciencia del cuerpo, la respiración, el conocimiento intelectual, los vacíos, como una araña con su propia tela.

Deha prāṇa vimarśana dhījñāna-nabhaḥ prapañca yogena. Deha, prāṇa, vimarśana, por el comportamiento del propio cuerpo y por el proceso de comportamiento de la propia respiración, y por *dhījñāna*, por poder intelectual, *nabhaḥ prapañca yogena*, por *śūnya pramātṛ*, quien ingresa en la nada.

Por ejemplo, está la vigilia (*deha*), el estado de sueño (*puryaṣṭaka*), el estado sin sueños (*prāṇa*) y *śūnya* (vacío), y al expandir la propia formación en estas cuatro maneras, *ātmānaṁ veṣṭayate*, el Señor Śiva envuelve Su naturaleza.

¿Cómo se envuelve a Sí mismo? *Citraṁ*, es la maravilla de las maravillas en este mundo, no se comprende apropiadamente cómo sucede. Al igual que *jālena jālakāra*, al igual que la araña hace una tela de su propia producción y finalmente queda atrapada en esta misma tela. La araña se envuelve a sí misma en su tela y después muere. No hay salida para ella.

Bas, ahora dice cómo se eliminará esta confusión. Para esto, explica ahora en más *ślokas* cómo se elimina esta confusión del pensamiento.

JOHN: ¿El pensamiento de que "este cuerpo es mío"?

SWAMIJI: "Este cuerpo es mío". Él piensa eso. No solo el cuerpo físico sino los cuatro tipos de cuerpos: el cuerpo de la vigilia (*deha*), el cuerpo del estado de sueño (*puryaṣṭaka*), el cuerpo del estado sin sueños (*prāṇa*) y el cuerpo de la nada (*śūnya*). El vacío. Cuando no hay respiración, ese es el cuerpo de *śūnya*. Al mismo tiempo, es *pralayākala*.*

Entonces, por medio de estos cuatro cuerpos, envuelve Su naturaleza de conciencia tal como lo hace una araña con su propia producción.

katham eṣa durnivāro mahāmoho dehādi-pramātṛtāsamutthaḥ pralīyate? – iti bhagavat-svātantryameva atra hetuḥ

[comentario introductorio a la estrofa 33]

---

* Para más información sobre *pralayākala*, ver el Apéndice A5, "Siete estados de perceptores".

Solo puede ser eliminado por el libre albedrío de *bodha* Bhairava* y por su otorgamiento de *tīvra-tīvra śaktipāta*† en cualquiera de Sus Seres.

sva-jñāna-vibhava-bhāsana-
yogenodveṣṭayen-nijātmānam |
iti bandha-mokṣa-citrāṁ
krīḍāṁ pratanoti paramaśivaḥ || *33* ||

33. Por medio de la revelación del poder de conocimiento del Ser (interno), descubriendo su propio Ser, de esta manera Paramaśiva manifiesta el juego (que es en un momento dado) diverso con ligaduras y (a la vez) liberador.

Paramaśiva, de hecho, Parabhairava, *svajñāna vibhava bhāsana yogena*, cuando Parabhairava manifiesta Su propia naturaleza, la revelación de Su propia naturaleza, *udveṣṭayet nijātmānam*, según la voluntad de Su libre albedrío, Él aparece en muchos seres individuales en la forma del estado de Parabhairava. Entonces, aunque yo soy un Parabhairava‡, hay al menos mil Parabhairavas creados, y ellos también revelan su naturaleza y están situados en el estado de Parabhairava.

Y otros están estancados; están abrumados con la ignorancia y la oscuridad absolutas, y están atrapados en los dolores de los repetidos nacimientos y muertes.

Pero, de hecho, esta sección y esa sección; esta sección revelada de tantos Parabhairavas y la sección oculta de tantos Parabhairavas atrapados, Parabhairavas toscos, Él disfruta de este juego.

---

* Bhairava, que lo hace todo (*sarvakartṛtva*) y lo sabe todo (*sarvajñatva*). *Bodha* Bhairava es "Bhairava quien está lleno de conciencia". Swami Lakshmanjoo, *Tantrāloka* 1.122, archivo de USF. Ver también la estrofa 16.

† Para más información sobre *śaktipāta*, ver el Apéndice A7.

‡ Swamiji se refiere a sí mismo.

Iti bandha mokṣa citrāṁ krīḍāṁ. Este es el juego. Él crea este juego mostrando cientos de Parabhairavas en su posición reveladora. Y otros están atrapados, se han convertido en densos, *rākṣasas* (demonios). Esos también son Parabhairavas. Esos son Parabhairavas descartados. Este es el juego y Él disfruta. Este es Su juego.

sṛṣṭi sthiti-saṁhārā
jāgrat-svapnau suṣuptam-iti tasmin |
bhānti turīye dhāmani
tathāpi tair-nāvṛtaṁ bhāti ||*34*||

34. La creación, la preservación y la destrucción, el estado de vigilia, el estado de sueño y el sueño profundo brillan en esa cuarta morada. (Y aun así) ello (esta cuarta morada) brilla como si no fuera ocultada por ellos.

Creación, protección y destrucción, los tres. *Jāgrat* (vigilia), *svapna* (soñar) y *suṣupti* (sueño profundo), todos estos son tres. También hay otras combinaciones de tres. Hay tantos otros tríos. Esta creación es triple. Encontraremos tres en todas partes. El alma limitada, el alma ilimitada y el alma media, así.

¡*Tasmin turīye dhāmani bhānti*! Ellos también residen en el estado de Parabhairava, pero el estado de Parabhairava no es ocultado por esos estados limitados. Son creados por Parabhairava pero, después de su creación-existencia, no pueden envolver a Parabhairava. Parabhairava no puede ser envuelto. Parabhairava los envuelve en su limitación, pero por el contrario, Parabhairava no será envuelto. Este es Su juego.

jāgrad-viśvaṁ bhedāt
svapnas-tejaḥ prakāśa-māhātmyāt |
prājñaḥ suptāvasthā
jñāna-ghanatvāt-tataḥ paraṁ turyam ||*35*||

35. El estado de vigilia se llama "*viśvaya*" debido a la diversidad. El estado de sueño se llama "*tejaḥ*" debido a la grandeza de su iluminación. El estado de sueño profundo se llama "*prājña*" debido a lo compacto del conocimiento allí. Más allá de eso está el cuarto.

En realidad, hay cuatro estados: *jāgrat* (vigilia), *svapna* (el estado de sueño), *suṣupti* (sueño sin sueños) y *turya*[*] (el cuarto estado). Estas son cuatro etapas: *jāgrat*, *svapna*, *suṣupti* y *turya*.

Jāgrat crea todo este mundo diferenciado. En *jāgrat* ves el mundo que será observado por todos los individuos, por separado. Cuando veo a John Hughes en este momento, George también ve a John Hughes; Denise también ve a John Hughes; todo el mundo ve a John Hughes. Esta es la pecularied de la vigilia.

En el estado de sueño. Cuando estoy soñando y veo a John Hughes en mi estado de sueño; George está durmiendo a mi lado, en su cama, pero no ve a John Hughes en ese momento. Y Jonathan no ve a John Hughes. No ves a John Hughes en tu sueño. Entonces es *teja*.[†] Debes encontrar eso allí en *svapna*. *Svapna* es mucho mejor que la vigilia. El estado de vigilia es *sāmanya*, igual para todo el mundo. Pero el estado de sueño no es igual para todos; es solo para el individuo, está metido en el individuo. Es tu propia creación, no es la creación de Parabhairava. La creación de Parabhairava está en *jāgrat* (vigilia). Y tu propia creación es como Parabhairava en el estado de sueño. En el estado de sueño, puedes hacer cualquier cosa, puedes crear cualquier cosa. Puedes crear tus propios vehículos, puedes crear tus propias casas, puedes crear tus propios árboles, caminos, personas a tu alrededor, etc.

—¡*Namaskar*! ¿Cómo estás, cómo estás?

—Sí, estoy bien.

---

* El significado literal de *turya* es 'cuarto'. Para una explicación detallada de *turya*, ver el Apéndice A13.

† En un sueño, los sentidos externos dejan de funcionar, por lo que los objetos que uno percibe en un sueño son creados a partir de la propia luz interna (*teja*). [*Nota del editor*]

Pero, en realidad, no hay nadie. El soñador solo está acostado en su cama. Esto es especial. Él nos muestra que no es solo debido a aquello especial en Mí que Yo creo este mundo. Tú también tienes ese poder, pero en un círculo limitado. Puedes crear tu propio mundo en tu propia cama durante la noche, y Viresh creará sus propios sueños. Tú crearás tu propia creación. Entonces es *teja*, se llama *teja*.

Jāgrat, la vigilia, es *virāt*. *Virāt* significa que es universal, es decir, todos pueden percibirlo. No habrá diferencia entre la percepción que tú o él tengan de las cosas.

Pero en el estado de sueño, todos crean y perciben su propio mundo. Entonces es tuyo. Es más elevado que *jāgrat*.

Prājñaḥ suptāvasthā. Ahora, cuando estás en tu estado sin sueños (*suṣupti*), cuando no estás soñando nada, entonces has creado tu propio *pralaya*, ¡tú mismo has destruido todo el universo! ¡Tú tienes el poder que Yo tengo! Parabhairava tiene ese mismo poder y tú también tienes ese mismo poder en el estado sin sueños.

Y, en *turya*, *jñāna ghanatvāttataḥ paraṁ*, en *turya*, eres como Yo. No hay ninguna diferencia entre Parabhairava y aquel que está establecido en *turya*.

Entonces esto es igual, es decir, afuera y adentro.

jala-dhara-dhūma-rajobhir-
malinī-kriyate yathā na gagana-talam ।
tadvan-māyā-vikṛtibhir-
aparāmṛṣṭaḥ paraḥ puruṣaḥ ।।*36*।।

36. Al igual que la superficie del cielo no se ensucia por el humo, las nubes o el polvo, de la misma manera, el sujeto supremo no es tocado por las transformaciones de *māyā*.

Ahora da un ejemplo para ilustrar cuál es la diferencia entre la ignorancia y el conocimiento, cuál es la diferencia entre estar en el estado de Parabhairava y estar en el estado hastiado y trillado del *jīva*[*].

Jala dhara dhūma rajobhir malinī kriyate yathā na gagana talam. Jala dhara, por montones de nubes, este *ākāśa*[†], que siempre es azul, de un azul claro; si vienen montones de nubes, no pueden afectar a este vasto *ākāśa*. Este vasto *ākāśa* no puede impregnarse con estas nubes. *Dhūma*, si quemas el mundo entero y hay mucho humo, en ese momento nadie percibirá el *ākāśa* pero, de hecho, el *ākāśa* es grande. No puede ser ahumado, impregnado de humo. Nuevamente, es de color azul claro.

De la misma manera, *māyā vikṛtibhir*, las agitaciones y los disparos que ocurren aquí y allá, estos bribones[‡] (esto es *māyā vikṛtibhir*, estos son los modos corrompidos de *māyā*), *para puruṣa* (Parabhairava) no se puede confundir. No tendrá ninguna confusión. Permanecerá igual que el *ākāśa*.

A Parabhairava no le importa que en este mundo sucedan tantas cosas. Espera el momento que parece adecuado y *brut*, de inmediato, todo está terminado y solo queda Parabhairava. Parabhairava no se preocupa por todas estas danzas infructuosas.

JOHN: Pero son Sus danzas. Estas danzas infructuosas son Su juego.

SWAMIJI: Son Sus danzas pero a Él no le importa terminarlo de inmediato. Es más, como somos seres limitados, estamos intimidados, preguntándonos cómo podemos cruzar.

ekasmin ghaṭa-gagane
rajasā vyāpte, bhavanti nānyāni |
malināni, tadvadete
jīvāḥ sukha-duḥkha-bheda-juṣaḥ ||*37*||

* Individuo limitado.
† Éter o espacio. En este caso, *ākāśa* significa el cielo.
‡ Aquí, Swamiji se refería al estado de malestar social que prevalecía en Cachemira durante 1990. [*Nota del editor*]

37. (Al igual que) cuando el aire contenido en una única vasija está lleno de polvo las otras porciones de aire contenido en otras vasijas no se ensucian, del mismo modo, estos individuos limitados disfrutan de la diversidad de la felicidad y la tristeza.

De la misma manera, *jivaḥ sukha duḥkha bhu*, algunas personas son felices, algunas personas sienten dolor, algunas personas están atrapadas en *ājñāna* (ignorancia), *moha* (olvido), atrapadas roncando, algunas están en esos mosquitos. Esos también son Parabhairava. Eso es "atrapado-en-Parabhairava". Y, al mismo tiempo que está atrapado, Él también está libre. ¡Él también disfruta todo esto!

śānte śānta ivāyaṁ
hṛṣṭe hṛṣto vimohavati mūḍḥaḥ ।
tattva-gaṇe sati bhagavān
na punaḥ paramārthataḥ sa tathā ।।*38*।।

38. (Cuando el conjunto de *tattvas*) está en reposo, este Señor parece estar en reposo. (Cuando se) deleita (parece como si Él) se deleitara. (Cuando está) confundido (parece como si Él estuviera) confundido. Pero en realidad Él no lo está.

Cuando *tattva gaṇe*, este mundo elemental, está *sante*, en su estado de reposo, hay *pralaya* (destrucción), no hay nada, solo agua, *bas*. Desde *pṛthvī tattva* hasta *śāntātītā kalā**, todos los *tattva gaṇas*† están *śānta*, en reposo.

¿Cuál es la posición de Parabhairava allí? ¿Cómo existe Parabhairava allí? Allí, Parabhairava existe, *bas*, ¡en reposo! Parabhairava está en reposo en el mundo elemental en reposo, el mundo elemental de treinta y seis.

---

* Para una explicación de las cinco *kalās*, ver el Apéndice A8.

† La asamblea (*gaṇa*) de todos los elementos (*tattvas*). [*Nota del editor*]

En el estado furioso de los ciento dieciocho mundos, Parabhairava está furioso. Cuando los ciento dieciocho mundos se enfurecen, eso es *pralaya* (destrucción), colisionan entre sí. En este momento, Parabhairava está así.

Pero, de hecho, Parabhairava no es ni esto ni aquello. Él también está más allá y observa este juego de su propio Ser. *Na punaḥ paramārthataḥ sa tathā*, pero, de hecho, en el sentido real, Él no es así. Él está más allá de eso. Él es eso, Él no es eso, Él está más allá de eso; de las tres maneras. Más aún: Él no es no-eso, Él no es no-no no-eso; Él es la negación de eso, Él es la afirmación de eso.

No puedes imaginar cómo lo hace, su juego está fuera de nuestra visión limitada. El alma limitada no puede visualizar eso aunque, en ese mismo momento, ¡Parabhairava lo visualiza! Aunque dices "No puede ser visualizado", ¡aún así es visualizado! En el estado de no ser visualizado por ti, es visualizado en ese mismo momento por otro ser Suyo. Hay tantos gigantes de Parabhairava. Uno es esto, uno es esto, uno es esto, uno es esto [Swamiji hace muchas caras]. No puedes imaginar cuántos hay. ¡Es maravilloso!

yad-anātmany-api tad-rūpā-
vabhāsanaṁ tat purā nirākṛtya |
ātmany-anātma-rūpāṁ
bhrāntiṁ vidalayati paramātmā ||*39*||

39. Habiendo rechazado en primer lugar la proyección del Ser en el no Ser, luego el Ser supremo destruye la ilusión del no Ser en el Ser.

Cuando hay *bhram* (*bhram* significa "confusión"), cuando la confusión se ha manifestado en todo el mundo, eso se llama *bhrānti*, confusión en todas partes.

Yat anātmanyapi tadrūpa avabhāsamaṁ, Él crea ese *bhrānti*, Él manifiesta ese *bhrānti*. Luego, por medio de Su propia libre elección, al mismo tiempo, Él destruye ese *bhrānti* y no hay *bhrānti*. Para Él, no ha pasado nada; si hay *pralaya**, no ha pasado nada. Es Su propia voluntad.

JOHN: Entonces, en realidad, desde el punto de vista real, todo es perfecto.

SWAMIJI: En realidad, con el todo, cuando amplías tu visión más allá del tiempo, más allá del espacio, más allá de la forma, entonces llegas a la conclusión de que todo es perfecto, en todas partes, siempre.

ittham̐ vibhrama-yugalaka-
samūla-viccedane kṛtārthasya |
kartavyāntara-kalanā
na jātu parayogino bhavati | |*40*| |

40. Para el *yogī* supremo que ha cortado con éxito este par de ilusiones desde la raíz, para él no se considera que haya nada más por hacer.

De esta manera, esa persona que es *para yogina*, que está establecida en el *yoga* del supremo Bhairava, aunque crea *bhrānti*, descarta a *bhrānti* con su esfuerzo de Parabhairava. Entonces, no le queda nada por hacer. Ha hecho lo que debía ser hecho. Ha obtenido lo que debía ser obtenido. Él lo ha hecho todo. Entonces no le queda nada por hacer. Está pleno, siempre está pleno.

pṛthivī prakṛtir-māyā
tritayam-idam̐ vedya-rūpatā-patitam |
advaita-bhāvana-balād
bhavati hi sanmātra-pariśeṣam | |*41*| |

---

* El significado literal de *pralaya* es disolución o absorción. Generalmente *pralaya* se usa en el sentido del fin de una era o la destrucción del mundo. [*Nota del editor*]

41. Esta tríada, tierra, *prakṛti* y *māyā*, que ha caído en la objetividad, por la fuerza de la realización de la no dualidad se convierte en nada más que el puro Ser.

Pṛthivī, *prakṛti* y *māyā*, no los *tattvas* por encima de *māyā*, estos tres que están en los planos inferiores de la creación, ...

Pṛthivī es *bedha*, *prakṛti* es *bedhābedha*, y *māyā* está por encima de eso. *Māyā* es *abheda**, pero *māyā* es la nada. *Pṛthivī* es *jāgrat* (vigilia), *prakṛti* es *svapna* (sueño) y *māyā* es *suṣupti* (el estado sin sueños), cuando no hay creación de ningún pensamiento.

... estos tres son *vedya rūpatāpatitam*, viven en el campo objetivo del mundo. Este es el campo objetivo. *Advaita ātma balāt*, cuando insertas el estado no diferenciado de Parabhairava en ellos y sumerges a los tres en el estado de *Parabhairava*, *bhavati hi sanmātra pariśeṣam*, todo este mundo se vuelve uno con Parabhairava. Allí no tiene ninguna diferencia. Es conocimiento. Eso se llama "elevación". Esta elevación y la ilusión, ambos están funcionando; esto funciona en ambos sentidos. Esta creación del mundo está funcionando en ambos sentidos, la elevación y la ilusión.

Ahora da otro ejemplo:

raśanā-kuṇḍala-kaṭakaṁ
bheda-tyāgena dṛśyate yathā hema ׀
tadvad-bheda-tyāge
sanmātraṁ sarvam-ābhāti ׀׀*42*׀׀

42. Al igual que un anillo, un arete y un brazalete son vistos solo como oro cuando se abandona la distinción entre ellos, del mismo modo, cuando la diversidad es abandonada, entonces todo aparece como el Ser puro.

* *Bedha* (diferenciado), *bedhābheda* (diferenciado-no diferenciado), *abheda* (no diferenciado). [*Nota del Editor*]

Raśanā. Le preguntas a un orfebre: "¿Cuál es el costo de esta *mālā* (rosario)? Me gustaría venderla. ¿Quieres comprarla?". El orfebre no está interesado en la *mālā*. El orfebre no está interesado en los aretes. El orfebre no está interesado en los brazaletes. Está interesado en el oro. Está interesado en la cantidad de oro. Lo coloca en la balanza, ve qué tan pesado es el oro y calcula el costo de acuerdo con su peso. No pagará de acuerdo con la belleza del adorno.

Tadvad bhedatyāge, de la misma manera, *bheda tyāge*, si dices: "Esta mujer es hermosa", "Esta mujer es fea", "Esta mujer es tosca", "Esta mujer es *pagal* (loca)", dejando esto a un lado, ¡la femineidad es la misma! *Tadvad bheda tyāge sanmātraṁ sarvamābhāti*, si dejas de lado esta percepción diferenciada, el Ser no diferenciado aparecerá ante ti.

tad-brahma paraṁ śuddhaṁ
śāntam-abhedātmakaṁ samaṁ sakalam ।
amṛtaṁ satyaṁ śaktau-
viśrāmyati bhā-svarūpāyām ।।*43*।।

43. Este Brahman que es supremo, puro, sereno, inactivo, no dual, incambiable, universal, el verdadero néctar, (Él) yace en la refulgente *śakti* cuya naturaleza es luz (*bhā*).

iṣyata iti vedyata iti
saṁpādyata iti ca bhā-svarūpeṇa ।
āparāmṛṣṭaṁ yadapi tu
nabhaḥ-prasūnatvam-abhyeti ।।*44*।।

44. Todo lo que no sea realizado por esa conciencia cuya naturaleza es luz, (que toma la forma de) es deseado, es conocido y es hecho, eso es como una flor en el cielo.

śakti-triśūla-parigama-
yogena samastam-api parameśe |
śiva-nāmani paramārthe
visṛjyate deva-devena ||*45*||

45. Todo este universo es creado (emitido) por el Dios de los dioses a través de entrar en contacto con el tridente de *śaktis* (*icchā*, *jñāna* y *kriyā*) en aquella realidad conocida como Śiva.

Estos tres *ślokas* están conectados entre sí. En estos, Él explica los tres cursos, las tres secciones, de todo este mundo que es creado. Una sección es creada en el estado *bheda*, el estado diferenciado; otra sección es creada en parte diferenciada y en parte no diferenciada, medio (*bhedābheda*); y otra es no diferenciada (*abheda*): *bheda*, *bhedābheda* y *abheda*. De esta manera, este mundo es creado.

Pero, de hecho, la creación de *bheda*, la creación de *bhedābheda* y la creación de *abheda* son solo una. Solo son *parā abheda*. Hay *parā abheda*, *abheda* supremo. *Abheda* supremo significa aquello que es más que no diferenciado. A partir de ese Ser, estas tres cosas diferentes aparecen, se manifiestan. Estas tres formas de creación son creadas por ese estado súper no diferenciado de Parabhairava.

Entonces, no debes pensar que Parabhairava está lejos de ti. ¡Él siempre está ahí y siempre está anhelando que Lo tengas! Si no quieres tenerlo, es tu elección, no importa, también está bien. Eso también es tu propia forma de pensar. No Lo tengas. Disfruta los infiernos. Eso también es disfrute. Y nunca estás lejos de Él. Estás atrapado y preso. Siempre estás sujetado por Él.

Este es el *krīḍa* (juego) en *bheda*, en *bhedābheda* y en *abheda*. Este triple juego es *krīḍa pratanoti paramaśiva**. ¿Y quién lo está manejando? Parabhairava está manejando este *krīḍa*.

---

* *Krīḍa pratanoti paramaśiva* significa que este juego (*krīḍa*) es la tarea (*pratanoti*) de Parabhairava (*paramaśiva*). [*Nota del editor*]

punar-api ca pañca-śakti-
prasaraṇa-krameṇa bahir-api tat |
aṇḍa-trayaṁ vicitraṁ
sṛṣṭaṁ bahir-ātma-lābhena ||*46*||

46. Y una vez más, esta tríada de esferas también es creada en el exterior en el proceso de emanación de las cinco *śaktis* (las energías por la objetivación) del Ser.

iti śakti-cakra-yantraṁ
krīḍā-yogena vāhayan-devaḥ |
aham-eva śuddha-rūpaḥ
śakti-mahā-cakra-nāyaka-padasthaḥ ||*47*||

47. Así, solo Yo, Dios, propulso el dispositivo de la rueda de *śaktis*, permaneciendo como el controlador de la gran rueda de *śaktis*.

mayyeva bhāti viśvaṁ
darpaṇa iva nirmale ghaṭādīni |
mattaḥ prasarati sarvaṁ
svapna-vicitratvam-iva suptāt ||*48*||

48. Solo en Mí, el universo brilla como objetos en un espejo sin mácula. El universo emerge de Mí como la diversidad de un sueño del (estado de) sueño profundo.

aham-eva viśva-rūpaḥ
kara-caraṇādi-svabhāva iva dehaḥ |
sarvasminn-aham-eva
sphurāmi bhāveṣu bhā-svarūpamiva ||*49*||

49. Solo Yo soy el universo, como un cuerpo compuesto de manos, pies, etc. Y solo Yo destello como este universo como la naturaleza de la luz en las cosas.

De esta manera, *śakticakra yantraṁ*, esta es una gran rueda, el *cakra* de Sus energías ilimitadas. Las energías ilimitadas son los radios de este *cakra*. Y Él está ejecutando este *cakra*.

El primer participante viene en el juego de *mātṛkā cakra*. *Mātṛkā cakra* significa desde la letra '*a*' hasta la '*ha*', '*ahaṁ*' (también hay '*ahaṁ*'[*]). '*A*' es la primera letra y '*ha*' es la última letra. Este es el primer *śakti-cakra*; esto es *mātṛkā cakra*[†].

Otro *śakti-cakra* es *pratibimba vāda*, la doctrina del reflejo.[‡] ¡Todo este universo es el reflejo de Parabhairava! Verán que no existe nada que no exista en el estado de Parabhairava. No hay nada aquí, ni siquiera una brizna de hierba, que no esté allí. Esa brizna también está allí, y luego la encontrarán aquí.

Parabhairava no está lejos de ti. Él está aquí. Él es universal. Todo lo que brilla aquí, brilla allí.

El primer *śakti-cakra* es *mātṛkā cakra* y otro es el reflejo, *pratibimba vāda*.

Y en la explicación de *śāmbhavopāya*, en el tercer *āhnika* del *Tantrāloka*, se explican solamente estos tres aspectos.

---

* "*Ahaṁ* es conciencia de yo, conciencia de yo que se manifiesta... '*A*' indica el estado del Señor Śiva, '*ha*' indica el estado de Śakti y '*ma*' indica el estado de la individualidad: el Señor Śiva, Śakti y el individuo. Entonces, "*ahaṁ*" es el viaje, el viaje exterior. '*Ma-ha-a*' es el viaje interior, el viaje de regreso; allí regresas a tu propia naturaleza. Cuando regresas a tu propia naturaleza, el *mantra* es '*ma-ha-a*'. Y cuando viajas fuera de tu naturaleza, entonces es '*ahaṁ*': '*a*' en el primero, '*ha*' está en el centro y '*ma*' es la indicación de individualidad, en el exterior". Swami Lakshmanjoo, *Parātrīśikā Vivaraṇa*, archivo de USF.

† "*Mātṛkā cakra* es la teoría del alfabeto. Esta teoría nos enseña que todo el universo es creado por Dios, el Señor Śiva, como uno con, y no separado de, Su propia naturaleza". *Shaivismo de Cachemira, el Supremo secreto*, capítulo 3.

‡ "Esta teoría enseña a [los *yogīs* avanzados] cómo ser conscientes de sus actividades diarias: mientras hablan, caminan, saborean, tocan, escuchan y huelen. Mientras están realizando todas estas diferentes acciones, ven que todas estas acciones se mueven en su conciencia suprema... Esta es la conciencia que proviene de la práctica de *pratibimba*". Ibíd., capítulo 4.

El primero es *mātṛkā cakra*; *mātṛkā cakra* es desde la letra 'a' hasta la *'ha'*, la teoría del alfabeto (en el *Parātrīśika Vivaraṇa* también encontrarán lo mismo). Luego, el *pratibimba vāda*, el reflejo, es otro proceso. El universo es el reflejo de Parabhairava. Y otro aspecto es *ahaṁ parāmarśa* (*ahaṁ*, "Yo soy esto").

JOHN: ¿Entonces esos son los tres aspectos que se explican en el tercer *āhnika*?

SWAMIJI: Sí, y también en el *Parātrīśika Vivaraṇa*.

GEORGE: ¿Ese "*ahaṁ*" es *śakti-cakra*?

SWAMIJI: "*Ahaṁ*" también es *śakti-cakra*, sí.

JOHN: "*Ma-ha-a*" no participa en esto?

SWAMIJI: "*Ma-ha-a*" es la forma de retracción. Exposición y retracción.

JOHN: ¿*Saṅkoca* (contracción) y *vikāsa* (expansión)?

SWAMIJI: Y lo que sea que se una a esto [risas]. ¡Todo es uno!

draṣṭā śrotā ghrātā
dehendriya-varjito'py-akartāpi |
siddhāntāgama-tarkāṁś
citrān-aham-eva racayāmi ||*50*||

50. Soy el que ve, soy el que oye, soy el que huele, aunque soy sin órganos físicos. Y aunque no soy su autor, solo Yo creo las diversas escuelas, escrituras y argumentos filosóficos.

itthaṁ dvaita-vikalpe
galite pravilaṅghya mohanīṁ māyām |
salile salilaṁ kṣīre
kṣīram-iva brahmaṇi layī syāt ||*51*||

51. Así, cuando el pensamiento dualista se funde, trascendiendo a la engañosa *māyā*, se disuelve en Brahman como el agua en el agua y la leche en la leche.

De esta manera, *dvaita vikalpe galite*, cuando la percepción diferenciada y la amenaza de la percepción diferenciada es *galite*, está terminada, está totalmente destruida, *pravilaṅghya mohanīṁ māyām*, y también *mohanīṁ māyām* (es decir, la ignorancia, la confusión), y cuando sabes que esta ignorancia no es la posición real, entonces *salile salilaṁ*, así como el agua se diluye en el agua o la leche se diluye en la leche, de la misma manera, todo este universo se diluye en Parabhairava.

itthaṁ tattva-samūhe
bhāvanayā śiva-mayatvam-abhiyāte |
kaḥ śokaḥ ko mohaḥ
sarvaṁ brahmāvalokayataḥ ||*52*||

52. Y cuando el conjunto de *tattvas* se ha integrado en Śiva a través de la conciencia (presencia consciente), ¿qué pena o qué engaño puede haber para quien contempla el universo como Brahman?

karma-phalaṁ śubham-aśubhaṁ
mithyājñānena saṁgamād-eva |
viṣamo hi saṅga-doṣas-
taskara-yogo'py-ataskarasyeva ||*53*||

53. El bien y el mal, el fruto de la acción, surgen simplemente como resultado del conocimiento falso y el apego, porque la falta en la asociación es difícil de superar al igual que cuando un hombre que no es un ladrón se asocia con un ladrón.

Esta es la teoría del *karma*, la teoría de las acciones que dan fruto (*karma phalam*). Siempre es bueno y malo. Todas las acciones que se hacen siempre dan frutos buenos y malos.

Pero es debido a la asociación con los cafres, cuando Parabhairava se asocia con los cafres, con los *rākṣasas* (demonios). Por su propia elección, Él ha hecho amistad con los *rākṣasas*. *Viṣamo hi saṅgadoṣa*, ¡Parabhairava es un demonio! Parabhairava se ha convertido en un demonio. Parabhairava debe ser derribado. Y esto también lo observa Parabhairava en el nivel superior. No solo en el nivel superior sino también en el nivel inferior.

JOHN: ¿Entonces Parabhairava está derribando a Parabhairava?

SWAMIJI: Sí, Parabhairava es quien derriba y Parabhairava es quien es derribado, al mismo tiempo.

JOHN: Y también es los medios para derribar. *Pramāṇa*, *prameya*, *pramātṛ* y *pramiti*.*

SWAMIJI: Sí.

loka-vyavahāra-kṛtāṁ
ye ihāvidyām-upāsate mūḍhāḥ |
te yānti janma-mṛtyū
dharmādharmārgalā-baddhāḥ ||54||

54. Aquellos que en esta vida, engañados, confundidos, recurren a la ignorancia producida por la realidad práctica (*vyavahāra*) del mundo, ligados por las cadenas del bien y el mal, experimentan el nacimiento y la muerte.

Los brutos que tratan con gran respeto a la opaca ignorancia, estas personas que respetan y se comportan fielmente con apego por esta ignorancia, estos cafres son condenados a infiernos terribles y sucios. Luego gritan, "¡Aaaaah, aaaaah! ¿Quién me elevará? ¿Quién me sacará de aquí? ¡Estoy perdido! ¡Aaaaaaah!". ¡Y Parabhairava también está disfrutando esto! Esto es lo que pasa en este mundo.

---

* *Pramāṇa* (cognitivo), *prameya* (objetivo), *pramātṛ* (subjetivo) y *pramiti* (subjetivo supremo). Para una explicación más detallada, ver el Apéndice A15.

Es su manera de hacer las cosas. Nadie es responsable. Él es responsable. Parabhairava es responsable. Entonces, ¿qué si Él es responsable? ¿Quién lo reprenderá? ¿Quién lo investigará? ¡Nadie! Él mismo es quien investiga a todos. No debe ser investigado. Nadie tiene las agallas para investigarlo porque en ningún lado hay nadie más existiendo que Parabhairava. Él esta en todos lados.

ajñāna-kāla-nicitaṁ
dharmādharmātmakaṁ tu karmāpi ।
cira-saṁcitam-iva tūlaṁ
naśyati vijñāna-dīpti-vaśāt ।।*55*।।

55. Sin embargo, la acción que consiste en el bien y el mal acumulados en tiempos de ignorancia es destruida por la fuerza del resplandor centelleante de la iluminación (*vijñāna*) como (arde) el algodón que ha sido almacenado durante mucho tiempo

Cuando llega el momento de que Parabhairava permanezca en Su... cuando a Parabhairava le gusta establecerse en Su propia naturaleza, entonces recoge todo este combustible del universo, el desdichado universo, que simplemente ya no vale la pena tener; Él piensa que ahora no vale la pena tenerlo; *bas*, lo recoge, lo vuelve todo montones de algodón y lo enciende por medio de Su conciencia (la conciencia de Parabhairava es las cerillas). Lo quema y luego no hay denominación, impresión ni pensamiento; nada, como si nada hubiera pasado. Solo hay Parabhairava. No queda nada en el fondo. No hay espacio, no hay tiempo, nada, no hay formación. Solo existe esa conciencia de Dios, no con un cuerpo sino con ese *spanda**. Allí solo queda *spanda*, en todas partes. No

* "El elemento de *spanda* es ese ser de la conciencia de Dios en el que todo este universo existe y del que todo este universo surge... Y la conciencia de Dios no es solo el lugar en el que el universo yace, sino también el *prasara sthana*, la energía que fluye; este universo surge de eso... *Tiene* que existir en la conciencia

"en todas partes". Es solo *spanda*. No hay espacio. No hay madera, no hay madera tallada, nada. Estas casas no están, desaparecen. Solo queda *spanda*.

Luego, cuando este *spanda* es demasiado, Él crea este mundo otra vez. Cuando Su *spanda* se desborda, este desborde significa que hay otra nueva creación del mundo.* En ese momento, habrá Rāmarāja.† Y uno por uno, verán Rāmarāja.

jñāna-prāptau kṛtam-api
na phalāya tato'sya janma katham |
gata-janma-bandha-yogo
bhāti śivārkaḥ sva-dīdhitibhiḥ ||56||

56. Al lograr la iluminación, sus actos no dan fruto; por lo tanto, ¿cómo puede haber nacimiento para él? Libre de la esclavitud del nacimiento, él brilla como el sol con sus propios rayos, en la forma de Śiva.

---

de Dios y surge de la conciencia de Dios *en* la conciencia de Dios, porque no hay otro espacio para el universo exista". Swami Lakshmanjoo, audio de *Parātrīśikā Vivaraṇa*, archivo de USF. Para más información sobre *spanda*, ver el Apéndice A14.

* "Cuando se desborda, entonces quieres desconectarlo. Esa es Su situación; desconectado debido a demasiado de él [es decir, *spanda*, *ānanda*, *svātantrya*]. Deseas desconectarte de ese estado y luego conectarte nuevamente, entonces da placer. Eso es *svātantrya*. Por eso todo este universo es creado. De lo contrario, no habría razón para crear este universo si Dios ya estuviera allí completamente en su propio conocimiento. Esta diferenciación ha surgido debido a ese desborde de la conciencia de Dios. El éxtasis de la conciencia de Dios está desbordando y luego le sucedió esto a su propia naturaleza.

"Un niño, cuando está demasiado excitado, salta, se golpea la cabeza. De la misma manera, Dios ha hecho esto. Él ha machacado su propia naturaleza debido a un exceso de éxtasis. Él quiere desconectar este éxtasis. Pero este éxtasis en su forma real no puede ser desconectado en absoluto. Él lo sabe. Pero aún así, por diversión, lo desconecta por el momento. Y, al momento de darse cuenta nuevamente de su propia naturaleza, siente que ya estaba allí". Swami Lakshmanjoo, *Bodhapañcadaśikā*, archivo de USF.

† El rey Rāma, la séptima encarnación del Señor Viṣṇu, a menudo es invocado como un ejemplo del líder perfecto. Durante su reinado se dice que existió una sociedad ideal. [*Nota del editor*]

tuṣa-kambhuka-kiṁśāruka-
muktaṁ bījaṁ yathāṅkuraṁ kurute ।
naiva, tathāṇava-māyā-
karma-vimukto bhavāṅkuraṁ hy-ātmā ।।*57*।।

57. Así como una semilla que carece de su grano interno, su parte exterior y su cáscara no producen un brote, de la misma manera el Ser no puede producir el brote de la existencia cuando se libra de *āṇava*, *māyīya* y *karma mala*.

Al igual que *bījam*, cualquier semilla (*tuṣa* significa la cáscara; *kambhuka* significa la cobertura media; *kiṁśāruka* significa la cáscara gruesa), *muktaṁ bījam*, si está separada de estas tres, cualquier semilla, *bhavāṅkuram yathā na kurute*, no *aṅkuram kurute*, no produce un brote.

Del mismo modo, *āṇāva karma vimukto*, *āṇavamala*, *māyīyamala* y *kārmamala*, estos tres *malas* (impurezas) —uno es el *mala* más sutil (es decir, *āṇavamala*), *māyīyamala* es el *mala* medio y *kārmamala* es el *mala denso*— una vez que el alma individual es separada de estos tres *malas**, *na bhavāṅkuram kurute*, no producirá repetidos nacimientos y muertes. Está totalmente liberado de los dolores de los repetidos nacimientos y muertes. Él es como Parabhairava.

ātma-jño na kutaścana
bibheti, sarvaṁ hi tasya nija-rūpam ।
naiva ca śocati, yasmāt
paramārtthe nāśitā nāsti ।।*58*।।

58. El conocedor del Ser no teme a nada porque todo, en todas partes, es su propia forma. Tampoco se aflije porque en lo Real no hay destrucción.

---

* Para una explicación de los *malas*, véase el Apéndice A3. Ver también *Shaivismo de Cachemira, el Supremo secreto*, capítulo 7.

Ātmajña, quien ha realizado el propio Ser, *na kutaścana bibheti*, no tiene miedo de nadie.

¿Por qué no tiene miedo de nadie? *Sarvaṁhola tasya nijarūpam*, porque Sus ramas están diseminadas por todas partes. No puedes tener miedo de ti mismo. Él está expandido; Él ha manifestado su naturaleza en cada ser. ¿De quién tendría miedo?

Naiva ca śocati, y Él tampoco se deprime. Cuando, en Su manifestación, alguien muere, *naiva ca śocati*, no permite que la pena agite su ser. *Yasmāt*, ¿por qué? *Paramārtthe nāśitā nāsti*, en realidad nadie muere. Todo es la manifestación y el juego de uno mismo.

Ahora, Yogarāja brinda en su comentario un ejemplo de la *Utpalastotrāvalī* del *Saṁgraha Stotra**:

yo'vikalpam-idam-artha-maṇḍalaṁ
paśyatīśa nikhilaṁ bhavad-vapuḥ ।
svātma-pakṣa-paripūrite jagat-
yasya nitya-sukhinaḥ kuto bhayam ।।†

Oh Señor, toda persona que observa todo este universo de manera unívoca, el que observa este mundo de manera enfocada y se da cuenta de que todo este universo es el encanto de Tu manifestación, en realidad está situado en Tu manifestación o en su propia manifestación. Entonces él siempre está apaciguado y en paz. *Kuto bhayam*, ¿de quién o de qué tendría miedo? No hay otro más que su ser.

Uno tiene miedo de aquello opuesto pero no existe nada opuesto en absoluto.

Granthakāro'pi, Abhinavagupta también ha escrito —dice Yogarāja—, el autor de este *Paramārthasāra* también ha escrito un *śloka* en alguna parte. Él no sabe de dónde es, pero es de Abhinavagupta.

* La *Śivastotrāvalī* de Utpaladeva. El capítulo trece es conocido como el *Saṁgraha Stotra*. Utpaladeva fue el discípulo de Somānanda, quien reintrodujo el sistema pratyabhijña en Cachemira. Utpaladeva era el maestro de Lakṣmaṇagupta, quien era el maestro de Abhinavagupta. [*Nota del editor*]

† *Śivastotrāvalī*, 13.16.

ekako'hamiti saṁsṛtau janas-
trāsasāhasarasena khidyate |
ekako'hamiti ko'paro'sti me
ittham-asmi gata-bhīr-vyavasthitaḥ | |

"¡Oh, estoy solo aquí! ¡Estoy solo! ¿Qué puedo hacer? Estoy solo, *iti saṁsṛtau*, en este mundo".

Janaḥ, un hombre común, si él es el único hombre en Nepal, si solo hay un hombre que no está muerto; todos los demás están muertos, todos han sido eliminados, no hay nada; él es la única persona que se ha salvado, ve variedad de casas y nadie está vivo. También sucede en este mundo.

"¡*Ekako'ham*, así que estoy solo!".

Saṁsṛtau, en este campo de ignorancia, *janaḥ*, ese ser limitado, *trāsa sāhasarasena khidyate*, se lamenta: "Alguien me comerá. Alguien vendrá por la noche y me comerá". Y cierra la puerta de donde vive aunque no haya nadie afuera. No hay águilas, no hay perros ladrando, nadie, pero aún tiene miedo. Piensa: "Quizás alguien venga a comerme".

Trāsa sāhasarasena, y él no está en ninguna parte. No duerme por la noche ni tampoco durante el día. Tampoco puede digerir su comida. No puede preparar su comida. ¡Porque está solo! ¿Qué preparará? ¿Cómo la preparará? Esta es la situación del individuo limitado.

Abhinavagupta dice: "Ahora mira lo que pienso. Yo también digo: 'Estoy solo'. *Ekako'hamiti ko'paro'sti me*, yo también percibo que estoy solo, solo soy uno". "Solo soy uno. *Ko'paraḥ asti me*, ¿quién existe además de mí en todo este universo?". Aunque él ve variedad de personas, variedad de perros, variedad de águilas, variedad de demonios; aunque los ve, los percibe como no separados de su ser. ¿Comprenden?

DENISE: Como la expansión de su propia naturaleza.

SWAMIJI: ¿Naturaleza? ¡No la naturaleza! Su propio ser. Es la expansión de su propio Ser.

¡Cómo puede alguien... no se puede tener miedo de Viresh! Si Viresh está durmiendo en tu cama y tienes insomnio, ¿por qué? Viresh es tu propia expansión. ¿Por qué deberías tenerle miedo a John? Si él está durmiendo contigo, ¿te comerá?

"*Itthamasmi*, de la misma manera, en la misma forma, yo estoy situado en este mundo, *gatabhīr*, sin amenazas".

atigūḍha-hṛdaya-gañja-
prarūḍha-paramārtha-ratna-saṁcayataḥ |
ahameveti maheśvara-
bhāve kā durgatiḥ kasya ||*59*||

59. En el tesoro oculto más secreto del corazón se acumulan las joyas de la realidad (que es la conciencia) "Solo Yo existo"; en este estado del Señor, ¿quién podría ser pobre alguna vez?

Eso que es lo más interno, secretamente existente, el tesoro del conocimiento de Parabhairava —el conocimiento de Parabhairava es el tesoro que es colocado en secreto en el centro de tu corazón, que es el centro universal—; y cuando abres la cerradura de ese tesoro, *paramārtha ratna* (*paramārtha ratna* significa "la joya de la conciencia de Dios", "la joya de Parabhairava"), la joya de Parabhairava proviene de eso, uno a uno, uno a uno, con diversidad.

Él ve una joya, Viresh; una joya; otra joya, esto; otra joya, George; otra joya, yo; otra joya, todo este universo (*paramārtha ratna saṁcayataḥ*). *Aham-eveti maheśvara bhāve*, y percibe que toda esta variedad de joyas son solo la manifestación de mi ser.

Kā durgatiḥ kasya, ¿cómo podría estar agobiado por la pobreza? Él es el Dios de los dioses. Él tiene la riqueza de la riqueza. Posee el secreto de la riqueza. Así que no necesita tener cuentas bancarias en todos los bancos del mundo. Él tiene esta cuenta bancaria de primera clase, en la que gastas pero no se agota. Por el contrario, que es tal como como es, llena.

mokṣasya naiva kiṁcid
dhāmāsti, na cāpi-gamanam-anyatra ।
ajñāna-granthi-bhidā
sva-śakty-abhivyaktatā mokṣaḥ ।।*60*।।

60. No hay una morada de la liberación (*mokṣa*) ni hay que ir a otro lugar. La liberación (*mokṣa*) es la manifestación del propio poder a través del corte del nudo de la ignorancia.

En realidad, la liberación de los repetidos nacimientos y muertes y estar centrado en el estado de Parabhairava se llama "*mokṣa*". *Mokṣa* no está en algún lugar en el *ākāśa* (espacio) más elevado, en *śāntātītā kalā*. *Naiva kiṁcid dhāmāsti*, no tiene un lugar en particular adonde uno llega y consigue liberarse de los repetidos nacimientos y muertes.

Na cāpi gamanamanyatra, para alcanzar *mokṣa* no debes avanzar desde el estado en el que ya existes en el campo de *māyā*. Estás existiendo en el campo de *māyā* y tienes que elevarte poco a poco, poco a poco, por *abhyāsa**. Pero no tienes que avanzar. No hay ningún viaje por hacer. ¡El punto de partida del viaje es el punto final del viaje!

bhinnājñāna-granthir-
gata-saṁdehaḥ parākṛta-bhrāntiḥ ।
prakṣīṇa-puṇya-pāpo
vigraha-yoge'py-asau muktaḥ ।।*61*।।

61. Esta persona en el que el nudo de la ignorancia ha sido cortado, en quien toda duda ha desaparecido y el error ha sido conquistado, en quien tanto el mérito y como el demérito han sido destruidos, él es liberado a pesar de que sigue siendo uno con su cuerpo.

---

* Práctica contemplativa.

Bhinnājñāna granthir, la persona que tiene *bhinna ājñāna granthi*, que ha cortado todas las ataduras de la ignorancia —todas las ataduras de la ignorancia que son tres tipos de ignorancia: *āṇavamala*, *māyīyamala* y *kārmamala**—, quien ha descartado esta triple ignorancia, *gata-saṁdehaḥ*, que ha cruzado todas las dudas en el logro...

Porque lo que se debe lograr ya ha sido logrado. No tienes que esforzarte por lograrlo. Si te esfuerzas por lograrlo, no lo lograrás. Tienes que ver si es logrado o no es logrado. Si no es logrado, ¡nunca será logrado! Si es logrado, ¡nunca será no logrado! ¿Comprenden? Esta es la verdad que existe detrás de esto. El que dice: "Soy un *murkha*" siempre seguirá siendo un *murkha*, siempre seguirá siendo un inepto. El que dice: "Yo soy el Señor Śiva", él siempre es el Señor Śiva.

... *prakṣīṇa puṇya pāpa*, donde él ha salido por completo de los círculos de las buenas y malas acciones y también de su fruto, ha salido de esta atadura; que no tiene en absoluto ataduras de este tipo, *vigrahayoga api*, a pesar de que camina, también tiene dolor de muelas y falta de calcio, y utiliza una medicina prescrita por el doctor Jonathan [risas], aún así es un *mukta* (liberado), aunque esté arrastrando este cuerpo como los seres humanos.

agny-abhidagdhaṁ bījaṁ
yathā prarohāsamarthatām-eti |
jñānāgni-dagdham-evaṁ
karma na janma-pradaṁ bhavati ||*62*||

62. Al igual que una semilla que ha sido quemada por el fuego se vuelve incapaz de germinar, tampoco la acción que ha sido quemada por el fuego del conocimiento puede ser la causa del renacimiento.

* Para una explicación de los *malas*, ver el Apéndice A3.

Agnyabhidagdhaṁ bījaṁ, *bījaṁ* significa “semilla”; recurre de nuevo a la analogía de la semilla: *agnyabhidagdhaṁ*, una semilla colocada sobre el fuego se cocinará, *yathā prarohāsamarthatām*, y aunque es sembrada en primavera, en el momento correcto, donde hay buena tierra y también se le pone agua de vez en cuando, *prarohāsamarthatāmeti*, no produce un brote.

Jñānāgnidagdhamevaṁ karma na janma pradaṁ bhavati, de la misma manera, todas tus actividades, hagas lo que hagas: bueno, malo, destrozar a la gente, engañar a la gente, insultarlos a todos y meter la pata, lo que sea que hagas, *jñāna agni dagdhamevaṁ karma*, si lo pones en el fuego del conocimiento de Parabhairava, cualquier acción que hagas, acciones buenas, malas, miserables y sinvergüenzas, *na janma pradaṁ bhavati*, solo te dirigirá al estado de Parabhairava y no serás atrapado en los dolores de los repetidos nacimientos y muertes tampoco por esas acciones brutales, si es que una vez, por la gracia de Dios, por *tīvra śaktipāta*, las prendes fuego con el conocimiento de Parabhairava.

parimita-buddhitvena hi
karmocita-bhāvi-deha bhāvanayā |
saṁkucitā citir-etad-
deha-dhvaṁse tathā bhavati ||*63*||

63. Debido al intelecto limitado y a través de la proyección mental de un cuerpo futuro que es apropiado para sus acciones (*karma*), la conciencia se vuelve contraída y cuando este cuerpo es destruido (la conciencia) también se vuelve así.

Por el contrario, *parimita buddhitvena*, si siempre estás contraído, haces *abhyāsa* y piensas: “Quiero realizar a Dios. No puedo realizar a Dios. ¡Quiero ver a Dios!”, *parimita buddhitvena hi karmocita-bhāvi-deha-bhāvanayā*. *Saṁkucitā citiretad*, él siempre ha llevado su conciencia contraída consigo. Todo el tiempo se lamenta: "¡No he logrado nada! ¡No he logrado nada! Oh maestro, ¿cuándo lograré algo?". *Deha-dhvaṁse tathā bhavati*, cuando él muere, muere de esa misma manera y es atrapado nuevamente por los repetidos nacimientos y muertes. Es su pensamiento. Lo que sea que pienses, eso toma su forma, se hace realidad. Si piensas: "Yo soy Parabhairava", obtendrás su forma: real. Si piensas: "No lo soy. Me siento aplastado. Soy un tonto. No valgo nada", entonces no vales nada.

yadi punaramalaṁ...

Ahora, por el contrario, Él explica estas secciones opuestas. Estas son dos posiciones opuestas. Están siendo llevadas a cabo juntas porque no son diferentes entre sí. Es una sola. Pero la primera está situada en Parabhairava y la otra en los repetidos nacimientos y muertes.

Este es el ser de primera clase:

yadi punar-amalaṁ bodhaṁ
sarva-samuttīrṇa-boddhṛ-kartṛ-mayam ।
vitatam-anastamitodita-
bhārūpaṁ satya-saṁkalpam ।।*64*।।

dik-kāla-kalana-vikalaṁ
dhruvam-avyayam-īśvaraṁ suparipūrṇam ।
bahutara-śakti-vrāta-
pralayodaya-viracanaika-kartāram ।।*65*।।

sṛṣṭy-ādi-vidhi-suvedhasam-
ātmānaṁ śivam-ayaṁ vibuddhyeta ।
katham-iva saṁsārī syād
vitatasya kutaḥ kva vā saraṇam ।।*66*।।

64-65-66. Pero si uno realizara al Ser que es uno con Śiva, es decir, como una conciencia sin mácula que es el conocedor y el hacedor, que trasciende el universo, infinito, cuya forma es luz que no surge ni se oculta, cuyos deseos, todos, se cumplen; que está libre de lo que determinan el espacio y el tiempo, que es firme, sin muerte, con señorío, completamente pleno, el único agente que provoca la disposición de la creación y destrucción de la multitud de las innumerables energías, que hábilmente ejecutan la creación, etc.; entonces, ¿cómo podría ser que alguien esté en *saṁsāra*? Es decir, ¿de dónde o hacia dónde puede ir el infinito?

Yadi punar amalaṁ, si *punar**, por el *tīvra-tīvra śaktipāta* de Parabhairava, *ātmānaṁ*, uno siente su propio Ser, *amalaṁ bodham*, que soy absolutamente el cristal más puro; *sarva samuttīrṇa boddhṛ-kartṛ-mayam*, tengo todo el supremo poder de conocimiento y de acción, poseo ese conocimiento; *vitatam*, soy *vitatam*, soy visto en todas partes, estoy en todas partes; *anastamitodita bhārūpa*, y mi *prakāśa*, mi luz, es eterna, poseo esa luz; *satya saṁkalpam*, y lo que sea que pienso, eso se hace realidad.

No es que eso se *haga* realidad; eso *es* realidad, ¡eso *está* allí! Si digo: "Esta casa es una roca", se convertirá en una roca. Si digo, "Esta casa no es nada, esto es *bakwas* (sin sentido)", se convierte en *bakwas*. Si digo, "Hay ovejas, 'baaaaaah', en lugar de esta casa", eso se hace realidad. Ellas están haciendo 'baaaaah'. Lo que pienses, eso se volverá así. Si piensas, "Es mi Ser", tú te convertirás en Bhairava; tú serás como un cristal, arrojando luz por todas partes. Eso es *satya saṁkalpa*, él piensa y eso se vuelve verdadero.

Tat sṛṣṭā tadevāna praveśa, todo lo que crea, él se convierte en eso.

Dik kāla kalana vikalaṁ. Dik kāla kalanaṁ, está lejos de la limitación del espacio (*dik*), la limitación del tiempo (*kāla*) y la limitación de la formación (*akala*). Está lejos de estas tres cosas:

* Por el contrario.

espacio, tiempo y formación. *Vikalaṁ* significa la negación, la no existencia de estos tres.

Dhruvam significa eterno; *avyayam*, sin fin; *īśvaraṁ*, comportamiento poderoso y gobernante de todo este universo; *supari pūrṇam*, pleno, siempre pleno, que nunca se vacía de su encanto.

Él presenta más calificaciones de este ser:

Bahutara-śakti-vrata pralayodaya-viracanaika-kartāram.

Bahutara śakti vrata, y hay tantas innumerables energías, *śakti-cakra*, de Parabhairava. Él crea esas energías, mantiene esas energías y cierra el juego de las energías. No queda energía. Se repliega. Se retrae a la nada. Las energías ya no se pueden ver en ninguna parte.

Se ven energías en todas partes. Él es el creador (él es el productor), y está protegiendo esas energías, y está replegando esas energías, es decir, cuando las energías ya no se ven en absoluto.

Sṛṣṭyādividhisuvedhasam. Sṛṣṭi ādi vidhi suvedhasam, él crea este mundo, él protege este mundo... Crea este mundo como Brahmā, protege este mundo como Viṣṇu, destruye este mundo como Rūdra, oculta este mundo como Īśvara y revela este mundo como Sadāśiva, Śiva.

Si él, por su propia voluntad y poder de *tīvra-tīvra śaktipāta*, *vibuddhyeta*, si por su propia gracia, llega a su comprensión...

katham-iva saṁsārī syād
vitatasya kutaḥ kva vā saraṇam | |*66b*| |

... ¿cómo puede él ser llamado un individuo, que está aplastado, un pobre tipo que es creado pobre, penoso, *katham*; ¿cómo? Después, él nunca tendrá esta posición.

Vitatasya, se ha convertido en *vitata* (*vitata* significa "él está expandido en todos los sentidos"). *Vitatasya kutaḥ kva vā saraṇam*, ¿adónde irá? Donde quiera que vaya, si está abajo, eso está arriba; si está arriba, eso está abajo. Donde quiera que vaya, subir y bajar es solo un sueño, solo un juego para él.

iti yuktibhir-api siddhaṁ
yat-karma jñānino na saphalaṁ tat
na mamedam-api tu tasye-
ti dārḍhyato nahi phalaṁ loke ||67||

67. Entonces (como ha sido establecido) por argumentos lógicos, el acto de la persona iluminada, que ya ha tenido lugar, no da fruto, porque a través de la firme convicción "Esto no es para mí sino para Él", no hay fruto en el mundo.

De la misma manera, en estas formas que he explicado, *yat karma siddhaṁ*, toda acción que lleva a cabo, *jñāninā*, aquel que se encuentra elevado, *na saphalaṁ tat*, no produce ningún fruto, porque él dice, después de hacer cada una de las acciones fraudulentas en este mundo, él cree: "Yo no he hecho nada. Los que hacen son los órganos del cuerpo". Hay cinco causas que son responsables por cada acción, que te han sido explicadas en el comentario de la *Bhagavad Gītā*: "*na saphalaṁ tat*", cinco son responsables, cinco grandes cosas.*

itthaṁ sakala-vikalpān
pratibuddho bhāvanā-samīraṇataḥ |
ātma-jyotiṣi dīpte
juhvaj-jyotir-mayo bhavati ||68||

* "... se explica que hay cinco grandes actores en este mundo que se ajustan en cada acción, hagas lo que hagas. El primer gran actor es *adhiṣṭāna*, la base, sobre la cual se basa toda acción. La base es solo el estado del Señor Śiva. La acción se realiza sobre la base del Señor Śiva. Ese es el actor principal, el participante principal. Sin la base, no se hará nada. Cuando no existe el estado del Señor Śiva, no se llevará a cabo ninguna acción. *Tathā kartā*, ahora ese actor individual es el segundo participante. *Karaṇan ca pṛthagvidham*, y el campo orgánico, el conjunto de órganos, es la tercera sustancia de acción, debido a que no puedes realizar ninguna acción sin órganos, sin la mano, la nariz, la lengua ni el ojo; ninguna acción. Entonces este conjunto de los órganos es el tercer participante activo. *Vividhā ca pṛthakceṣṭā*, y las ambiciones, las muchas ambiciones en tu mente, este es el cuarto actor. Y *daivam-evātra*, el quinto es *prārabdha* [*karma*]. *Daivam*, el destino es la quinta acción, el quinto actor". Swami Lakshmanjoo, audio de la *Bhagavad Gītā*, archivo de USF. Ver también *Bhagavad Gītā–In the Light of Kashmir Shaivism*, 18.13-15.

68. Así, despertado por el viento de la conciencia (presencia) cultivada, sacrificando todos los pensamientos en la luminosidad de su Ser, se convierte en solo esa luminosidad.

De esta manera, *sakala vikalpān*, de esta manera, *prati buddha*, quien está elevado y está instalado por su propio *śaktipāta* (gracia), instalado en el conocimiento supremo de Parabhairava, *bhāvanā samīraṇataḥ*, él crea ese *bhāvana*, la percepción de que "¡Yo soy Maheśvara! ¡Yo soy Parabhairava! ¡Soy la fuente de todos los seres! ¡Y cada ser es mi propia manifestación!".

Ātma jyotiṣi dīpte. Todos estos *vikalpas**, limitados e ilimitados, él los quema en *ātma jyotiṣa dipte*, se elevan en su propio fuego de conciencia de Dios.† *Jyotirmayo bhavati*, él solo está brillando; se convierte en un ser de luz, de tremenda luz. Y explica nuevamente cómo es su comportamiento en la vida:

aśnan yadvā tadvā
samvīto yena kenacic-chāntaḥ ।
yatra kvacana nivāsī
vimucyate sarva-bhūtātmā ।।*69*।।

69. Comiendo lo que se le presente, vestido con cualquier prenda, tranquilo, morando en cualquier lugar, está liberado. Él que es todos los seres (y es el Ser de todos los seres).

Aśnan yadvā tadvā, lo que llega delante de él, él se lo come. *Samvīto yena kenacit*, él cubre su cuerpo con lo que sea, tal como les dije.‡ *Śānta*, siempre está pacífico. *Yatra kvacana nivāsī*, no

* Variedad de pensamientos, impresiones.
† "Cuando todos estos [*kalpanāḥ*] son ofrecidos en el fuego del Señor Bhairava, [ellos] se convierten en uno solo con *chidagniḥ*, [el fuego de la conciencia], y nada más que Eso" (notas manuscritas de Swami Lakshmanjoo).
‡ Se refiere a la estrofa 15.

le importa quedarse en la casa de un brahmán. No tiene miedo de quedarse en la casa de un carnicero y en la de los parias (sin casta), por ejemplo, los que comen carne de perro. *Vimucyate sarvabhūtātmā*, él siempre es *jīvanmukta*[*] porque él es el mismo en todos los aspectos. Nada lo afectará[†].

aniyata-phala-bhakṣya-bhojya-peyaṁ
vidhi-pariṇāma-vibhakta-deśa-kālam |
hṛdaya-sukhama-sevitaṁ kadaryair
vratam-idam-ājagaraṁ śuciścarāmi ||[‡]

Aniyata-phala-bhakṣya-bhojya-peyaṁ. Aquellos que por *bhojya* y *peya*...

Bhakṣya significa cosas comestibles, lo que será comido. *Bhojya* significa lo que debe ser masticado con los dientes. Por ejemplo, *channa* (garbanzos) es *bhojya*, tienes que masticarlo. *Peyam* es leche, o *virapāṇa*. El licor, eso es *peyam*. Y la Coca-Cola y Thumbs Up, es *virapāṇa*.

... *vidhi pariṇāma vibhakta deśa kālam*, de acuerdo con el *vidhi* (*vidhi* significa las cosas que están sucediendo de acuerdo con la creación de *prakṛti* y su *māyā śakti*), lo que sea que se presente frente a él, *hṛdaya sukham asevitaṁ kadaryair*; *hṛdaya sukham*, está absolutamente pacífico en su corazón de Parabhairava, que es *kadaryair asevitaṁ*...

Kadaryair, los que están contraídos, los que tienen miedo de este tipo de diferenciación, ellos nunca dejarán de vestir ropa cara y nunca cubrirán sus cuerpos con yute. Guardarán su ropa cara en un baúl. Esos son *kadaryais*[§].

---

* Liberado mientras está encarnado.

† "Con [lo que] sea que esté cubierto su cuerpo, o con quién come, o sobre [lo] que duerme, una cama divina o sobre rocas, Dios considera a ese ser como el divino Bhairava" (notas manuscritas de Swami Lakshmanjoo).

‡ Comentario de Yogarāja.

§ La persona establecida en el estado de Parabhairava se abstiene (*asevita*) de tal conducta miserable (*kadarya*). [*Nota del editor*]

... y en ese *hṛdaya sukha**, que es sostenido por Parabhairava, a veces usa una *pashmina*† y otras veces yute. Y arroja su *pashmina* al borde de la carretera y dice: "¿Qué es una *pashmina*? El yute es lo mismo. *Vratam idamājagaraṁ śuciścarāmi*, este *vratam*, este sostenimiento de mi ser, que es lo más puro, he pisoteado ese *vrata*. Este es mi comportamiento. Este es mi comportamiento real de ser Bhairava".

haya-medha-śata sahasrā-
ṇyapi, kurute brahma-ghāta-lakṣāṇi |
paramārtha-vinna puṇyair
na ca pāpaiḥ spṛśyate vimalaḥ ||*70*||

70. Aunque hace cientos de miles de sacrificios de caballos, aunque realiza cientos de miles de asesinatos de brahmanes, como conoce la realidad él no es tocado ni por los méritos ni por las faltas. No es tocado en absoluto en su pureza.

Haya-medha-śata sahasrāṇyapi. Si él lleva a cabo un *aśvamedha*‡, *śata sahasrāṇi*, un *lakh* (100.000) de *aśvamedha yajñā*s, *kurute brahmaghāta lakhsāṇi*, o él hace *brahmaghāta lakhsāni*, él mata 100.000 *lakhs* de personas, él mata y corta la cabeza de esas personas,§ *paramārthavinna puṇyair na ca pāpaiḥ spṛśyate vimalam*, él es *vimala*, es puro, es el elemento puro, no es atrapado por esos crímenes ni es atrapado por ese tipo de acciones virtuosas. Está por encima de los actos virtuosos y los actos tremendos.¶

* Corazón pacífico.

† El mejor tipo de lana de Cachemira.

‡ El *aśvamedha yajñā* era un antiguo ritual védico en el que se sacrificaban caballos.

§ "Actividades muy buenas o acciones pecaminosas muy malas" (notas manuscritas de Swami Lakshmanjoo).

¶ "Como él es el ser divino más puro". Ibid.

mada-harṣa-kopa-manmatha-
viṣāda-bhaya-lobha-moha-parivarjī ।
niḥstotra-vaṣaṭ-kāro
jaḍa iva vicared-avāda-matiḥ ।।71।।

71. Evitando la pasión, el placer, la ira, el deseo, la melancolía, el miedo, la codicia, la ilusión; libre de himnos o *mantras* sacrificiales (*vaṣat*), vive como sin vida, con una mente libre de argumentaciones.

*evaṁ vidhasya jñānino niyatacaryāṁ parāmṛśannāha**

La persona que ha alcanzado el estado de Parabhairava, ¿cómo se comporta en el *śeṣa vṛtti*, en el período restante de su vida? Porque ha logrado lo que debía ser logrado, pero aún así debe tener alguna ocupación, ¿cuál es su ocupación?

Tomaré al mismo tiempo el comentario de Yogarāja.

1. *Mada* es el primero. Significa *deha pramātṛtā abhimānaḥ*, que "Yo soy este cuerpo". Esto es *mada*, esto es ego. El *parivrajī*† descarta esto. No tiene este ego que dice: "Yo soy el cuerpo".

2. *Harṣa*. *Harṣa* significa "entusiasmo". "Entusiasmo" no significa entusiasmo, significa *alabadhasya lābhāt pramodaḥ*; *harṣa* significa todo lo que no haya logrado haciendo un esfuerzo...

Por lo general, cuando uno logra algo de fruto de su esfuerzo, siente algo de entusiasmo. Pero su comportamiento es el contrario. Si se ha esforzado para lograr algo, si él ha logrado, no siente entusiasmo. Si no lo logra, tampoco sufre. Él sigue siendo el mismo en ambas condiciones. Esta es la diferencia en su comportamiento de su *śeṣa vṛtti* (en el periodo restante de su vida). *Harṣa* es el segundo.

3. Y *kopaḥ*. *Kopa* significa *krodha*, ira. Él descarta la ira. No hay signos de ira en él en absoluto. Esa es la tercera señal.

* Comentario de Yogarāja.

† Deambular como mendigo religioso.

4. El cuarto es *manmathaḥ*. *Manmatha* significa el deseo sexual. No tiene *manmatha*, no tiene ganas de sexo. Ha perdido el deseo sexual porque él ha experimentado otro "súper-sexo".*

5. *Viṣādaḥ* es el quinto. *Viṣādaḥ* significa cuando estás abrumado por la aflicción. *Viṣādaḥ* significa "pena". Hay ausencia de dolor en él, mientras que otros tienen dolor. ¿Qué es *viṣāda*? *Iṣṭaviyogāt mūḍhatvam*; *iṣṭaviyogāt*, alguien es querido y amado por ti, y si él o ella fallece, tú permaneces triste por el período restante de tu vida. Él no hace eso. Él permanece igual. Si su buena esposa fallece, él sigue siendo igual. Él dice: "Así ocurre en el mundo. ¿Por qué debería molestarme?".

6. *Bhayaṁ*. Amenazas, no tiene amenazas de nadie. No es amenazado por un enemigo ni por otra persona. Él no tiene amenazas. No permite amenazas en su mente.

Siṁhavyāghrādervā daraḥ, o la amenaza es, por ejemplo, tener miedo de un tigre o un león. Pero nunca tiene miedo de un león. Puede rascarlo y comportarse hacia él de manera amistosa y alzará los brazos y lo abrazará. El animal no le hará nada. Así es su comportamiento en lo que le reste de vida.†

7. *Lobhaḥ*. *Lobhaḥ* significa apego. *Lobha* significa *kārpaṇyaṁ*. *Kārpaṇyaṁ* significa que su ánimo está restringido. Por ejemplo, como quieres a Viresh, no quieres a Oṁ Prakāśa‡. No querrás a Oṁ Prakāśa, querrás a Viresh. Pero él no se comporta así. Para él, se ven como una misma cosa.

8. *Moha* es el octavo. *Moha* es *būteṣu ātmātmīyabhāvaḥ*, por ejemplo, "Esto es mío y esto no es mío".

---

* "En realidad, no es placer sexual. Es la fuente del placer sexual, porque por el placer sexual eres aplastado. Y este deleite sexual (no lo llamaría "placer sexual"; es deleite sexual), este es el sexo entre el Señor Śiva y Pārvatī. Entonces esto hará que surjas. Nunca caerás de esta delicia del súper sexo". Swami Lakshmanjoo, *Interviews*, archivo de USF.

† Viz., *ahiṁsāpratiṣṭhāyāṁ tatsannidhau vairatyāgaḥ* (*Yoga Sūtras*, *Sādhanā Pāda*, 35). "Ningún poder sobre la tierra puede hacer que dos enemigos entren en combate en presencia de quien, establecido en una no violencia sutil, no hace daño a nadie". Swami Lakshmanjoo, *Practice and Discipline*, archivo de USF.

‡ OṁPrakāśa era el cocinero de Swamiji.

*etān deha-saṁskārapratyavamarśān madhye samāyātānapi**

(Todos) Estos, si acuden a él, los descarta y dice: "*Sarvaṁ brahmāsmi*, es el juego de Parabhairava. ¿Por qué debería preocuparme por estas reglas y regulaciones?".

Asi que,

niḥstotra-vaṣaṭ-kāro
jaḍa iva vicared-avāda-matiḥ | | *71* | |
[repetido]

9. *Niḥstotravaṣaṭkāra*. Él no se vuelve dependiente de *stotravaṣaṭkāra*, es decir, quien se comporta hacia él con reverencia o quien lo odia. *Niḥstotravaṣaṭkāra*, él tiene el mismo sentimiento para ambos tipos: aquellos que se comportan hacia él de buena o mala manera.

Jaḍa iva vicaredavādamatiḥ, deambula, es visto en todas partes en el mundo, caminando, actuando y hablando, pero por dentro no le afectan las cosas opuestas.

Cuando Nilakantha Brahmacārī escuchó esto dijo: "Desde el punto de vista del *vedānta*, Śaṅkarācharya también había planteado este *śloka*. De esta estrofa surge el mismo significado:

etāvadeva khalu-liṅgam aliṅgamūrtteḥ
saṁśānta-saṁsraticira-bhrama-nirvṛttesya |
tajñasya yad-madana-kopa-viśāda-moha-
lobhāpadāmanudinaṁ nipuṇatanutvam | |†

Etāvadeva khaluliṅgam aliṅga mūrtteḥ. Este es el signo principal de quien se encuentra en el estado de Parabhairava: *aliṅga mūrtteḥ*, no tiene signos de ser un santo. No se comporta como alguien santo ni se comporta como alguien no santo.

* Comentario de Yogarāja.

† Este verso, escrito a mano por Swamiji, es una ligera variación de *Mokṣopāya* 6.130.19 del *Yoga Vasiṣtha*. Esta estrofa no aparece en el texto del *Paramārthasāra*.

Saṁśānta saṁsraticira bhrama nirvṛttesya. Y *saṁsrati*, niega absolutamente la amenaza de ser atrapado en repetidos nacimientos y muertes, ciento por ciento. En su ser no se ve esta amenaza. Este es el mayor signo que se ve en él después de que realiza el estado de Parabhairava.

Madanakopaviśādamoha lobhāpadāmanudinaṁ nipuṇatanutvam. Ves que en él estas nueve cosas decaen una tras otra y, al final, no se ven en él en absoluto. Estos nueve comportamientos se vuelven cero.

Porque era *vedānta**, entonces dicen que al final se convierten en cero. Pero el shaivita no lo entiende así. El shaivita piensa que son cero en su totalidad. Pero los vedantistas dicen que se vuelven cero cuando dejan su cuerpo. Esa es la diferencia entre el *vedānta* y el shaivismo. De lo contrario, todos los *śāstras*† van a ese estado.

JOHN: Entonces, los vedantinos no creen en este estado de Parabhairava.

SWAMIJI: No, ellos no creen en esto.

GEORGE: Porque siempre niegan cualidades.

SWAMIJI: Sí. Dicen que estas cualidades terminan solo en el momento de la muerte, no durante su vida.

mada-harṣa-prabhṛtir-ayaṁ
vargaḥ prabhavati vibheda-saṁmohāt |
advaitātma-vibodhas-
tena kathaṁ spṛśyatāṁ nāma ||72||

72. Esta colección formada por la pasión, el placer, etc., domina debido a la ilusión de la dualidad. Quien ha alcanzado la conciencia de su Ser indiviso, ¿cómo podría ser tocado por eso?

---

* El *Paramārthasāra* original de Patañjali está escrito desde el punto de vista del *vedānta*. La recensión de Abhinavagupta del texto le da un "baño de shaivismo". Véanse también los comentarios de las estrofas 2 y 3.

† Escrituras.

Mada-harṣa-prabhṛtir-ayaṁ vargaḥ. Este comportamiento que consta de nueve aspectos, *prabhavati vibheda-saṁmohāt*, surge debido a la percepción diferenciada. Pero, *advaita ātma vibodha*, quien es *advaita ātma vibodha*, quien está absolutamente unido al estado de Parabhairava, *tena kathaṁ spṛśyatāṁ nāma*, este comportamiento de nueve aspectos no tiene agallas para permanecer en su campo intelectual. No tiene agallas.*

stutyaṁ vā hotavyaṁ
nāsti vyatiriktam-asya kiṁcana ca ।
stotrādinā sa tuṣyen
muktas-tan-nirnamaskṛti-vaṣaṭkaḥ ।।*73*।।

73. No hay nada separado de él para alabar o para hacer ofrendas o sacrificios. El hombre iluminado tampoco se deleita en cosas como los himnos. Por lo tanto, está libre de todas las formas de reverencia y *mantra*.

Stutya hotavya, nāsti vyatiriktam. Él no cree en otros dioses, no se considera a sí mismo como un adorador de dioses. En su percepción no se encuentra esta manera de comportarse. *Stotrādinā tuṣyet*, así que no se conmueve con los *stotrās* (himnos) o *namskāras* (postraciones). Puedes comportarte hacia él de manera piadosa, puedes comportarte hacia él de manera grosera, pero él es el mismo. Él está fuera de este círculo.

ṣaṭ-triṁśat-tattva-bhṛtaṁ
vigraha-racanā-gavākṣa-paripūrṇam ।
nija-manya-datha śarīraṁ
ghaṭādi vā tasya devagṛham ।।*74*।।

* "Tampoco hay otros más que los que él ha logrado" (notas manuscritas de Swami Lakshmanjoo).

74. Su templo es su propio cuerpo u otro, soportado por los treinta y seis *tattvas*. Se completa con las ventanas que son las disposiciones de las (aberturas) de los sentidos del cuerpo.

Saṭtriṁśat tattva bhṛtaṁ, el cuerpo, que es conducido con los treinta y seis elementos, este cuerpo humano, *vigraha racanāgavākṣa paripūrṇam*, este cuerpo es como el *devagṛha* (*devagṛha* significa "esto es un templo", un templo de Parabhairava), este cuerpo es el templo de Parabhairava que yace en este mundo. *Vigraha racanāgavākṣa paripūrṇam*, y tiene puertas y ventanas y todo. Tiene nueve puertas, nueve aberturas: los ojos, las fosas nasales, etc. *Navarandhra**.

Nijamanyadatha śarīraṁ, su cuerpo o el cuerpo de otro, *ghaṭādi vā*, o el mundo objetivo, *tasya devagṛham*, para él, todo es un conjunto de templos, los templos de Parabhairava. Esta vasija también es el templo de Parabhairava. Esta máquina también es el templo de Parabhairava. Porque de una manera u otra, Parabhairava sale de él. O este cuerpo es el templo de Parabhairava y dentro del corazón está el templo de Parabhairava. En todas partes encontrarás a Parabhairava. Todo este mundo universal, los ciento dieciocho mundos, es el templo de Parabhairava. Y allí, en ese templo de Parabhairava, ¿cuántos templos hay? ¡Innumerables templos!

---

* Esta palabra, que significa "nueve aperturas", aparece en el siguiente himno dedicado a Amṛteśvara, el Señor del néctar:
dvāreśā navarandhragāḥ hṛidayago-vāstur gaṇeśo mahān śabdādyā guruvaḥ samīradaśakaṁ tvādhāra śaktyātmakam |
ciddevo 'tha vimarśa śakti sahitaḥ ṣāḍguṇyam aṅgāvalir lokeśāḥ karaṇāni yasya mahimā taṁ netranāthaṁ stumaḥ | |
"Me inclino ante Netranātha, Amṛteśvara, que disfruta de Su tercer ojo que produce néctar, y en cuyo encantador cuerpo las nueve aberturas son nueve porteros que son las nueve encarnaciones de Gaṇeśa (Dvāreśā); cuyo corazón es Gaṇeśa, Su hijo, el director de los cien Vāstu Devatā; cuyas cinco sensaciones son las cinco clases de maestros; cuyo *mūladhāra cakra* consiste en las diez capas de *vāyu* (aire) que llenan el universo; quien es el Señor de la Conciencia siempre unido con Su energía de la conciencia; cuyos seis órganos son sus seis atributos universales (omnisciencia, plenitud completa, conocimiento eterno, libertad absoluta, energía inagotable y energías infinitas) y cuyos diez órganos internos son los diez protectores de este mundo que lo protegen por los diez lados". *Sacred Verses for Worship*, Swami Lakshmanjoo, página 20.

Esto también es un templo, esto también es un templo, esto también es un templo.* El todo también es un templo. La parte también es un templo. La parte es el todo y el todo es la parte. No hay ninguna distinción entre la parte y el todo. ¿Lo comprenden?

tatra ca paramātma-mahā-
bhairava-śiva-devatāṁ sva-śakti-yutām ।
ātmāmarśana-vimala-
dravyaiḥ paripūjayannāste ।।75।।

75. Unido con sus energías él está establecido, adorando a la deidad favorable que es el Bhairava supremo de su Ser supremo, con sustancias que son puras a través de la conciencia del Ser.

¿Cuántos cuerpos? ¡Innumerables! Innumerables cuerpos de Parabhairava: los templos de Parabhairava. Se los dije, todo este universo está lleno de templos.

JOHN: Pero hay un cuerpo de Parabhairava.

SWAMIJI: De hecho, es un cuerpo. Este cuerpo es uno y este cuerpo es millones, ¡un millón de templos!

JOHN: Entonces esta estrofa, este "*dvāreśā*", esto es adoración al cuerpo universal.

SWAMIJI: Sí, el cuerpo universal. No es *navarandhragāḥ* (nueve aberturas) solo en el cuerpo humano. *Navarandhras* se encuentran en todas partes.

Allí, *tatra*, en el templo del propio cuerpo, *tatra ca paramātma mahābhairava śiva devatāṁ*, allí encontrarás *paramātma mahā bhairava devatā svaśaktiyutām*, el Uno que tiene las cinco energías (*cit śakti*, *ānanda śakti*, *icchā śakti*, *jñāna śakti* y *kriyā śakti*).

* Swamiji hace un gesto para indicar que cada persona en la habitación también es un templo de Parabhairava.

Está lleno de todas estas cinco energías y sus ramificaciones, que son innumerables. Está lleno con eso.

Y allí, *ātma āmarśana vimala dravyaiḥ*, a veces toma tostadas y les pone mantequilla o mermelada. Esta es su *pūja*. Él hace, opera, la *pūja* de Parabhairava. Y esto también es Parabhairava, también es Parabhairava con el que operas, con el que adoras a tu cuerpo [Swamiji demuestra el acto de comer].

Viresh dice: "¡Quiero cuajada! No quiero *makan* (mantequilla), es fea. No me gusta la mantequilla. Me gusta la cuajada bien espesa". Algunos dicen: "Quiero cuajada liviana". Del mismo modo, es una cosa y la misma. Las cuajadas también son Parabhairava, y el que es alimentado con las cuajadas es Parabhairava, y quien se alimenta con las cuajadas con sus propias manos es Parabhairava. No hay escapatoria de Parabhairava. Parabhairava está en todas partes.

Tatra, en todas partes, *paramātma mahābhairava devatā svaśaktiyutām*, y él está en la encarnación de Sus energías plenas.

Ātma āmarśana vimala dravyaiḥ paripūja, él está haciendo su *pūja*, día y noche. En la noche, hace su *pūja* al "zzzzz, zzzzz" [Swamiji imita el sonido de los ronquidos]. Esta es su *pūja*. Esto es *pūja*. Allí, Él no está en ninguna parte. ¿Entienden lo que quiero decir?

JOHN: Todo lo que haces es *pūja* para el Señor, ¿verdad? Cuando vas al baño, también estás haciendo *pūja*.

SWAMIJI: ¡Esta es la mejor *pūja*! El baño es la mejor *pūja*, es la *pūja* más pura.

Cuando la *pūja* está terminando, también debe estar la conducta de llevar a cabo *havan**. ¿Qué es el *havan* para este Parabhairava? ¿Cómo ofrece este *havan* recíproco?

JOHN: ¿*Havan* significa *yajñā*?

SWAMIJI: *Yajñā* (sacrificio).

---

* El acto de ofrecer oblaciones en un fuego.

bahir-antara-parikalpana-
bheda-mahā-bīja-nicayam-arpayataḥ ।
tasyāti-dīpta-saṁvit-
jvalane yatnād-vinā bhavati homaḥ ।।76।।

76. La ofrenda al fuego extremadamente brillante de la conciencia ocurre sin esfuerzo para aquel que ofrece la masa de la numerosa semilla de la diversidad que es la concepción externa e interna.

Bahir antara parikalpana bheda mahā bīja nicayamarpayataḥ. Mahā bīja significa ese *sāmagrī**. ¿Qué es ese *sāmagrī*? *Sāmagrī* es Parabhairava. Parabhairava debe ser ofrecido en el fuego de Parabhairava. Tienes que ofrecer a Parabhairava en el fuego de Parabhairava, por las manos de Parabhairava, por las manos que son Parabhairava y en el fuego que es Parabhairava†: *bheda mahā bīja nicayamarpayataḥ.*

Tasyāti dīpta saṁvit jvalane. Esto es *saṁvit jvalane*, el fuego de la conciencia de Dios está ardiendo en todas partes. *Yat na ādvinā bhavati homaḥ*, sin hacer ningún esfuerzo por el *havan*, él realiza el *havan*, ha hecho el *havan*, siempre está haciendo el *havan.*

Esto también es *havan* [Swamiji se rasca]. Esto es *havan*, esto es *havan*. Él ha hecho este *havan* en Parabhairava. Porque primero fue sentir la picazón y luego, cuando estás satisfecho después de rascarte, ese es el final del *havan*. El *havan* fue realizado.

Ahora hay otro *havan*. Un callo en el pie es otro *havan*. Colocas una venda sobre él y esto es *havan*. Él dice: "¡Todo es *havan*!".

JOHN: Entonces, ¿qué es el *havan*? ¿En qué se diferencia de la *pūja*?

SWAMIJI: No hay diferencia. La *pūja* es lo mismo. El *havan* es lo mismo. Lo que sea que pienses. El diablo también es igual. Todo es *havan*. El *havan* es todo. Todo es *pūja*.

---

* *Sāmagrī* es una mezcla tradicional de ingredientes naturales y santificados que se utilizan como ofrendas en una ceremonia *havan* (*yajñā*).

† Ver *Bhagavad Gītā, In the Light of Kashmir Shaivism*, 4.24.

JOHN: ¿Cuál es la verdadera diferencia entre el *havan* y la *pūja*? ¿Hay alguna diferencia entre ellos?

SWAMIJI: No hay diferencia. No hay "entre". Todo es *havan*, todo es *pūja*, aún groserías, todo, insultos, todo.* Eso es lo que dice aquí, en el *śloka* 76.

Él ofrece sin *homa* (ceremonia de fuego). Ha realizado un *homa* sin hacer un *homa*. Sin hacer una *pūja*, él también ha realizado una *pūja*. Sin hacer nada, lo ha hecho.

¿Qué es *dhyāna*† para él? Abhinavagupta dice, "*dhyāna* también es igual". *Dhyāna* no es solo *dhyāna* de la conciencia de Dios (*cit śakti*, *ānanda śakti*, *icchā śakti*, *jñāna śakti* y *kriyā śakti*).‡ ¡No, no, no, no es eso! Esto es una confusión. En algunos aspectos, es un confusión que *dhyāna* significa que deberías hacer así.§

dhyānam-anastamitaṁ punar-
eṣa hi bhagavān vicitra-rūpāṇi |
sṛjati tadeva dhyānaṁ
saṁkalpā-likhita-satya-rūpatvam ||77||

77. La meditación (*dhyānam*) es incesante porque este Señor manifiesta variadas formas. La meditación solo es aquello en lo que la realidad es pintada (en el lienzo) de la mente.

Dhyānam-anastamitam, *dhyāna* está sucediendo automáticamente. ¿Qué es ese *dhyāna*? *Eṣa hi bhagavān vicitra-rūpāṇim*, cuando ves puertas, cuando ves ventanas, cuando ves jardineros, cuando ves todo, cuando ves tostadas, cuando ves cualquier cosa, es *dhyāna*. Es *dhyāna* de Parabhairava, nada más [risas].

* Es decir, cada acto, incluso una grosería o el uso de palabras severas, es un acto de adoración para alguien que está establecido en el estado de Parabhairava, el estado de conciencia universal de Dios. [*Nota del editor*]

† Meditación.

‡ Es decir, *dhyāna* no es solo una práctica interna. [*Nota del editor*]

§ Swamiji demuestra la meditación típica en la que uno se sienta perfectamente quieto, con la espalda erguida y los ojos cerrados.

¡No es mi culpa! ¡Es la culpa de Abhinavagupta!*

Viresh dice: "Tengo sueño. Quiero dormir. Quiero jugar béisbol". Esto es *dhyāna*. Esto es *samādhi*. Esto es *yoga*. Esto es todo. Pero tienes que verlo. Y el que está situado en ese estado de Parabhairava lo ve. ¿Que es el *japa*† para él? *"Oṁ juṁ saḥ amṛteśvara bhairavāya namaḥ, oṁ juṁ saḥ..."*. ¡Esto no es *japa*!

Ahora hay otro sistema. Ha sido creado por Abhinavagupta en su comportamiento.

bhuvanāvalīṁ samastāṁ
tattva-krama-kalpanām-athākṣa-gaṇam ।
antar-bodhe parivar-
tayati yatso'sya japa uditaḥ ।।*78*।।

78. En la medida en que hace girar en la conciencia interior toda la secuencia del mundo, la delineación de la secuencia de los *tattvas* y el conjunto de los sentidos, se dice que esto es su *japa* (repetición del *mantra*).

Bhuvanāvalīṁ samastāṁ, todos los *bhuvanās*, los ciento dieciocho mundos (por el momento, solo presentaremos ciento dieciocho mundos), y *tattva krama kalpanām*, los treinta y seis elementos, *athākṣagaṇam*, junto con todos los órganos que existen en estos ciento dieciocho mundos, y *yat antar bodhe parivarta yati*, se comporta de manera que todo esto está en *bodha*-Bhairava‡; todo existe en *bodha*-Bhairava, uno por uno, uno por uno, uno por uno.

Hay *śāntātītā kalā* en Bhairava junto con *śāntā kalā*, *nivṛtti kalā*, *pratiṣṭhā kalā*, *śiva tattva*, Sadāśiva, en todo... y en ese mosquito.

---

* De manera divertida y respetuosa, Swamiji dice que se debe culpar a Abhinavagupta por esta interpretación singular de lo que *dhyāna* es en verdad. [*Nota del editor*]

† Recitación de *mantra*.

‡ "Bhairava lleno de conciencia". Swami Lakshmanjoo, *Tantrāloka* 1.122, archivo de USF. Ver también la estrofa 16.

Antar bodhe parivarta yati, y en su propio *bodha*-Bhairava, él ve, uno por uno, él inserta todo en eso. Eso es *japa*, eso es el *mantra so'haṁ*. [Swamiji canta] "*So'haṁ, so'haṁ, so'haṁ, śivo'haṁ....*". Esto es así. No es solo la mera recitación de *so'haṁ*. Todo es *so'haṁ*.*

sarvaṁ samayā dṛṣṭyā
yatpaśyati yacca saṁvidaṁ manute ।
viśva-śmaśāna-niratāṁ
vigraha-khaṭvāṅga-kalpanākalitām ।।79।।

viśva-rasāsava-pūrṇaṁ
nija-karagaṁ vedya-khaṇḍaka-kapālam ।
rasayati ca yattadetad
vratam-asya sudurlabhaṁ ca sulabhaṁ ca ।।80।।

79-80. Este es su voto, que es difícil y fácil a la vez, que lo ve todo con visión equilibrada y que realiza su conciencia para deleitarse en el campo de cremación del universo. Y (también) que concibe a la conciencia como marcada por la concepción del cadáver que es el cuerpo. Y (además) disfruta del cráneo que es la esfera de lo conocido, que yace en los rayos de sus propios sentidos y que está lleno del licor embriagador que es la esencia líquida del universo.

Estos son dos *ślokas* en uno.
Dice "su comportamiento", "¿cómo se comporta en esta vida?". *Sarvaṁ samayā dṛṣṭyā, yat paśyati yacca saṁvidaṁ manute*,

---

* "Es un *mantra* que se recita desde tu mente, no con los labios. '*So'haṁ*' no debe ser recitado con los labios, es para ser recitado través de la respiración". Swami Lakshmanjoo, *Tantrāloka* 15.133, archivo de USF.
"'*Oṁ so'haṁ*' es el *mantra* en el que él reside el resto de su vida. *Oṁ* es "Estoy de acuerdo", *so'haṁ*, "Yo soy uno con esa conciencia de Dios". Este es un *murti mantra*, él se convierte en este tipo de encarnación de esa forma, la forma de la conciencia de Dios". Swami Lakshmanjoo, *Tantrāloka* 15.238, archivo de USF.

viśva śmaśāna niratāṁ vigraha khaṭvāṅga kalpanākalitām. Él ve que este universo, el universo exterior —fuera del estado de Parabhairava hay un universo— se ha convertido en *śmaśāna* (*śmaśāna* significa "cementerio"). Esto es un cementerio. Todo este mundo es un cementerio. Y su *vrata** solo es bailar en este cementerio. ¡Es un crematorio! Esto es un cementerio porque solo hay esqueletos andando en todas partes, esqueletos que no tienen la comprensión de Parabhairava. Sin el entendimiento de Parabhairava, son esqueletos. Esto es todo *śmaśāna*, todo esto es un cementerio, un crematorio. Todo este universo es un cementerio. Y, en el cementerio, Él se comporta y observa todo, y lleva a cabo todo en cada rincón. Este es su *vrata* en este *śmaśāna*.

Śmaśāna significa que es oscuridad. Aunque están la luz del sol, la luz de la luna, la luz de las estrellas, la luz de las velas, la electricidad, etc., es oscuridad porque en un sentido real no hay comprensión de la posición de Parabhairava. Entonces es un *śmaśāna* (cementerio).

Cuando Parabhairava da una buena caminata examina muy bien todo el universo de Su gloria. Este es su *vrata*, este es su comportamiento en el mundo exterior. Y es *sudurlabhaṁ*, nadie puede realizar este tipo de actividad en el mundo exterior, pero para él es muy fácil de realizar.

GEORGE: "Mundo exterior" es cuando sale de su naturaleza.

SWAMIJI: Él nunca sale de su naturaleza. Sale, pero no ha salido. Pero él también sale en esta naturaleza. Al mismo tiempo, él también reside allí.

GEORGE: ¿Es *unmīlanā* y *nimīlanā*?

SWAMIJI: Sí, *unmīlanā-nimīlanā*† es poco relevante aquí.

---

* Conducta.

† "*Unmīlanā samādhi* es experimentado en *turyātīta* y *nimīlanā samādhi* es experimentado en *turya*. Esta es la diferencia entre *turya* y *turyātīta*. *Nimīlanā samādhi* significa "absorción de la conciencia universal"; cuando la conciencia universal es absorbida en tu naturaleza, eso es *turya*. Cuando la conciencia universal se expande por todas partes, eso es *turyātīta* [es decir, *unmīlanā samādhi*]". Swami Lakshmanjoo, *Tantrāloka* 10.288, archivo de USF. Para una explicación de *turya* y *turyātīta*, ver el Apéndice A13.

iti janma-nāśa-hīnaṁ
paramārtha-maheśvarākhyam-upalabhya ।
upalabdhṛtā-prakāśāt
kṛta-kṛtyas-tiṣṭhati yatheṣṭam ।।*81*।।

81. Al realizar a aquello que se llama Maheśvara, el absoluto, que está libre de nacimiento y muerte, por la gracia de la luz de la naturaleza del perceptor, permanece en concordancia con sus deseos, con todas sus necesidades satisfechas.

vyāpinam-abhihitam-itthaṁ
sarvātmānaṁ vidhūtanānātvam ।
nirupama-paramānandaṁ
yo vetti sa tan-mayo bhavati ।।*82*।।

82. Quien conoce la dicha suprema y sin par, que es omnipresente, que (previamente) ha sido realizada de esta manera, que es idéntica a todo y que ha eliminado toda la diversidad, se convierte en uno con Eso.

Entre millones, hay miles que probablemente se unirán con Parabhairava; *vyāpinam abhihitam itthaṁ sarvātmānaṁ vidhūtanānātvam*, que son omnipresentes, que no están presentes solo en ciento dieciocho mundos, que también están presentes afuera de eso; *vidhūtanānātvam*, que se han librado por completo de la diferenciación.

Viresh es diferente, tú eres diferente, tú eres diferente; todos son diferentes los unos de otros. Esta diferenciación es descartada, se ha terminado para quien ha terminado con esta diferenciación, aquel que reside en el estado de Parabhairava; en el estado de Parabhairava y sin el estado de Parabhairava.

Nirupama param ānandaṁ, y alegría, alegría significa lo que no tiene *nirupama*, no tiene comparación; *yo vetti*, si, Dios no lo permita, él degusta eso, llega a comprender ese *ānanda*, en el momento de la comprensión, de la comprensión real, se vuelve uno con esa dicha. Lo atrapa, lo agarra y es digerido en él. Ese *ānanda*, Parabhairava es digerido en *ānanda*.

Solo hay uno. Parabhairava ha digerido a Parabhairava de una engullida. Este es el verdadero modo de Parabhairava.

Ahora Abhinavagupta vuelve a descender a *māyā*.

tīrthe śvapaca-gṛhe vā
naṣṭa-smṛtir-api parityajan-deham |
jñāna-samakāla-muktaḥ
kaivalyaṁ yāti hata-śokaḥ | |*83*| |

83. Abandonando su cuerpo en un lugar sagrado o en la casa de un intocable, aunque pueda haber perdido toda su memoria, liberado en el momento de su iluminación, él prosigue hacia la identidad absoluta del Ser (*kaivalyam*), con todo el sufrimiento destruido.

Porque él se dirige en ambos sentidos, arriba y abajo, arriba y abajo, arriba y abajo. Esto es solo arriba o solo abajo. Es abajo, abajo, abajo o es arriba, arriba, arriba. O no es nada de eso. ¡Todo![*]

Tīrthe, quien deja su cuerpo cerca del Ganges, *śvapaca gṛhe vā*, puede del mismo modo dejar su cuerpo en la casa de un *wattal*, la casa de un barrendero, *naṣṭa smṛtir api*, si mientras deja su cuerpo no puede pensar en Dios.

---

* "*Sarvasarvātmakata*, toma cualquier cosa, está llena de todo. Toma solo una pequeña partícula de un germen, una partícula diminuta de un germen que tus propios ojos no pueden experimentar. En el cuerpo de ese pequeño germen encontrarás ciento dieciocho mundos. Esta es la enseñanza de *Mālinī*." Swami Lakshmanjoo, *Paratriśika Vivaraṇa*, archivo de USF.
Aquí, Swamiji se refiere al comportamiento de Parabhairava, tanto por encima como por debajo de *māyā*. Este estado se refiere a un *sarvasarvātmaka*, donde todas las cosas están en una cosa y una cosa está en todas las cosas. [*Nota del editor*]

En el momento de su unión con la conciencia de Dios, en ese momento se libera de los repetidos nacimientos y muertes.* *Kaivalya yāti hataśokaḥ*, después de dejar su cuerpo, será sentenciado al estado de Parabhairava.

Abhinavagupta ha descendido, retrocedió nuevamente.

himavati gaṅgādvāre
vārāṇasyāṁ kurau prayāge vā ।
veśmani caṇḍālādeḥ
śiva-tattva-vidāṁ samaṁ maraṇam ।।†

Himavati gaṅgādvāre, a los pies del Ganges, *vārāṇasyāṁ*, en Kashi (Benares), *kurau*, en Kurukṣetra, *prayāge ca*, en Prayāg Allahabad, *veśmani caṇḍālādeḥ*, o en la casa de un carnicero; *śiva tattva vidāṁ samaṁ maraṇam*, para aquellos que están situados en el estado de Parabhairava, no hay diferencia en dónde dejar este cuerpo o dónde no dejarlo. Están sentenciados, son empujados, al estado de Parabhairava.

puṇyāya tīrtha-sevā
nirayāya śvapaca-sadana-nidhana-gatiḥ ।
puṇyāpuṇya-kalaṅka
sparśābhāve tu kiṁ tena ।।*84*।।

84. Frecuentar *tirthas* (santuarios) otorga mérito, morir en la casa de un intocable conduce al infierno. Pero eso no significa nada cuando no hay contacto con la limitación del bien y del mal.

---

* "Cuando un verdadero maestro śaivita, por el *śaktipāta* de Bhairava, penetra a cualquiera con gracia... en ese mismo momento y lugar, sin *sādhana*, se vuelve uno con Él (Parabhairava). Esta es la iniciación en la que te das cuenta de que no eres más que Bhairava" (notas manuscritas de Swami Lakshmanjoo).

† Cita de *Śrī Nirvāṇayogottare* citada en el comentario de Yogarāja.

Puṇyāya tīrthasevā, algunos santos viven solo en *tīrtha*, viven en santuarios desde la infancia hasta el final de sus vidas solo para lograr la liberación. Eso es para *puṇyāya**, para alcanzar los mundos superiores, *svarga*, incluso los *svargas* (cielos) más elevados.†

Śvapaca sadana nidhana gatiḥ nirayāya. Si alguien deja su cuerpo en la casa de un carnicero, *nirayāya gatiḥ*, es sentenciado al infierno. Pero el que está por encima de esto, que ha alcanzado la etapa de Parabhairava, *puṇyāpuṇya kalaṅka sparśābhāve*, no tiene nada que discriminar. No hay ninguna diferencia para él dejar el cuerpo en Benares o en la casa de un carnicero.

tuṣa-kambuka-supṛthak-kṛta-
taṇḍula-kaṇa-tuṣa-dalāntara-kṣepaḥ ।
taṇḍula-kaṇasya kurute
na punas-tad-rūpatād-ātmyam ।।*85*।।

tadvat kañcukapaṭalī-
pṛthak-kṛtā saṁvidatra saṁskārāt ।
tiṣṭhantyapi muktātmā
tat-sparśa-vivarjitā bhavati ।।*86*।।

85-86. Colocar un grano de arroz que ha sido correctamente separado de sus dos cáscaras (de nuevo) en los trozos de las cáscaras no hace posible que ese (grano) de arroz regrese a su estado original. Del mismo modo, la conciencia (*saṁvit*), separada del grupo de las envolturas (*kañcukas*), aunque permanezca aquí (con este grupo) por la fuerza de las huellas latentes, al estar liberada en esencia no se ve afectada por él.

---

* Mérito.

† Según la filosofía hindú clásica, los siete *lokas* (mundos) son *bhū*, *bhurvaḥ*, *svaḥ*, *mahaḥ*, *janaḥ*, *tapa* y *satyaḥ*. Según el shaivismo de Cachemira, estos siete *lokas* son limitados y existen dentro de *nivṛtti kalā* o *pṛthvī-aṇḍa*, donde predomina el elemento tierra. [*Nota del editor*] Para una explicación de los cinco *kalās*, ver el Apéndice A8.

Tuṣa-kambuka-supṛthak-kṛta-taṇḍula-kaṇa-tuśa-dalāntara-kṣepaḥ. *Taṇḍula kaṇa* significa el grano de arroz que ya está separado de las tres coberturas. *Tuśa-dalāntara kṣepaḥ*, si vuelves a poner ese grano de arroz en la cáscara, lo atas con una cuerda y lo pones en el suelo, no crecerá. Del mismo modo, cuando, por tu *tivra śaktipāta*,* estás situado en la conciencia de Dios, *kañcuka paṭalī pṛthak kṛtā*, tu conciencia es separada de estas tres coberturas. *Saṁskārāt tiṣṭhantyapi*, aunque este cuerpo permanece lleno de vida durante algún tiempo, *muktātmā*, no debes pensar que está enredado por estos *kañcukas*. *Tat sparśa vivarjitā*, no tiene nada que ver con ellos. Esto no lo mueve, no le hace diferencia. Si él está en un *kañcuka* por algún tiempo, eso no importa. Él es Parabhairava.

DENISE: ¿Por qué volvería a estar envuelto en un *kañcuka*?

SWAMIJI: ¡Tal como yo lo estoy! Yo estoy en *kañcuka*, por ejemplo, tengo dolor de muelas, dolor de cabeza. Ligeramente, pero lo experimento.

kuśalatama-śilpi-kalpita-
vimalī-bhāvaḥ samudgakopādheḥ |
malino'pi maṇir-upādher
vicchede svaccha-paramārthaḥ ||87||

87. Al igual que una joya cuya pureza ha sido diseñada por los artesanos más hábiles, aunque se ensuciara cuando está en contacto con su estuche, es realmente pura una vez que uno elimina estos factores contingentes (*upādhiḥ*),

evaṁ sadguru-śāsana-
vimala-sthiti vedanaṁ tanūpādheḥ |
muktam-apy-upādhy-antara-
śūnyam-ivābhāti śiva-rūpam ||88||

* Para una explicación de *śaktipāta* (gracia), ver el Apéndice A7.

88. así (también) esa conciencia que está libre de la creación de impurezas a través de la enseñanza del maestro espiritual, al estar liberada de las limitaciones del cuerpo, brilla como Śiva, como absolutamente carente de limitaciones.

Kuśalatamaśilpi significa el *mani jñānī* más elevado (*mani jñānī* significa *ratna jñānī*), quien es el joyero más destacado. Si un joyero ha creado las joyas más preciadas y pone esas joyas en *samudgaka* (*samudgaka* significa una caja, un envase), en un recipiente, *vicchede svaccha paramārtham*, mientras están en el envase, no ves el encanto de su brillo, que no sale del envase.

Evaṁ sadguru śāsana vimala... Esto fue un ejemplo. Ahora vamos al punto principal.

Sadguru śāsana vimala sthiti vedanaṁ, por el *śāsana*, por la forma de tratar de un verdadero *sadguru*, un maestro, tu maestro; *vimala sthiti vedanaṁ*, cuando tu conocimiento, cuando tu conciencia, *vimala sthiti*, se ha vuelto brillante, resplandeciente, *tanūpādheḥ*, incluso si se la mantiene brillando, pero es *tanūpādheḥ*, mientras el cuerpo esté allí —después de la realización de esta verdad, mientras el cuerpo está ahí—, está pegada al cuerpo y no muestra su efecto afuera. *Muktam api*, aunque este envase, este cuerpo, no tiene ninguna relación o conexión con esa cosa encantadora que está dentro, mientras el envase está ahí, no revela al exterior su brillante contenido.

Y cuando este cuerpo termina, el *jīvanmukta*-realizado no recibe otro envase. En el momento de la muerte, el cuerpo termina y, las otras personas reciben otro envase nuevo, de modo que eso brillante vuelve a estar envuelto en otra vida, y también en una tercera, hay otro envase esperándolos. Pero el *jīvanmukta*-realizado, Parabhairava, no forma parte de este tipo de sistema. Porque, mientras un envase sea el último envase, es el último; puedes decir que es el primer y el último envase; no ingresa a otro envase, entonces brilla en todas partes.

śāstrādi-prāmāṇyād
avicalita-śraddhayāpi tan-mayatām ।
prāptaḥ sa eva pūrvaṁ
svargaṁ narakaṁ manuṣyatvam ।।*89*।।

89. De modo que, a través de la autoridad de las escrituras, etc., o por medio de una fe inquebrantable, logrando la identidad con eso en vida (posteriormente) alcanzará el cielo, el infierno o el nacimiento humano.

Śāstrādi prāmāṇyāt, por medio de la información de los *śāstras* (las escrituras) y por *śraddha* (fe), en lo que respecta a esa fe, el individuo piensa durante su vida que "Seré sentenciado a *svarga* (el cielo)" o "Seré sentenciado a *naraka*, el infierno". Él tiene esa fe por cómo se comporta, por lo que hace. De acuerdo a su comportamiento, tiene en su mente que su futuro no es bueno o que su futuro es bueno. Él cree antes de la muerte que "Iré al cielo" o "Iré al infierno", y va al infierno.

antyaḥ kṣaṇas-tu tasmin
puṇyāṁ pāpāṁ ca vā sthitiṁ puṣyan ।
mūḍhānāṁ sahakārī
bhāvaṁ gacchati, gatau tu na sa hetuḥ ।।*90*।।

ye'pi tadātmatvena viduḥ
paśu-pakṣi-sarīsṛpādayaḥ svagatim ।
te'pi purātana-saṁbodha-
saṁskṛtās-tāṁ gatiṁ yānti ।।*91*।।

90-91. El "último momento" de este hombre, que se inclina hacia un estado virtuoso o pecaminoso, parece ser una causa cooperante para los estúpidos. Pero (sin embargo) no es causa de transmigración.

E incluso aquellos que al identificarse con eso fueron a sus diversos estados como animales, pájaros, reptiles, etc., incluso ellos logran ese estado purificado por el conocimiento anterior.

Antyaḥ kṣaṇastu, el último momento de la muerte, *tasmin*, allí, en ese momento, *puṇyāṁ pāpāṁ ca vā sthitiṁ puṣyan*, aquellos que son personas ignorantes, ellos recolectan —en ese momento comienzan a agruparse— todas sus acciones, buenas o malas. Estas recolecciones son almacenadas al momento de abandonar su cuerpo, y de acuerdo con la recolección, él va a *svarga* (cielo), va a *narak* (infierno) o va a esas rocas*.

Y hay seres vivientes no solo en los seres humanos; también en rocas, moscas, pájaros, elefantes, *paśupakṣi sarīsṛpādayaḥ*, *sarīsṛpas* (serpientes), en todo; algunos, al momento de la muerte, por el *śaktipāta* —la gracia también funciona en ellos—; cuando Parabhairava desea que esta ave salvaje reciba el estado de Parabhairava, *te'pi purātana saṁbodha saṁskṛtās tāṁ gatiṁyānti*, son empujados al estado de Parabhairava al final de sus vidas.

Este *śaktipāta* está a disposición de todos. Pero es muy difícil de obtener, depende de la *svātantrya śakti* de Parabhairava. Si no lo deseas, entonces no ocurrirá. Si lo deseas, entonces tampoco ocurrirá. Esto es la *svātantrya śakti* de Parabhairava.

JONATHAN: En ocasiones has dicho que es indiscriminado. Él puede dárselo a cualquiera, ya sea que lo merezca o no. Pero acabas de decir: "Si lo deseas, entonces es tuyo; si no lo deseas, también está bien. No lo entiendo.†

SWAMIJI: También está bien porque es tu propio deseo. Por el momento, no estás interesado en tener a Parabhairava. Dices, "¿De qué sirve tener el estado de Parabhairava? ¿Por qué no comer, beber, ser feliz y estar contento?". Esto también está bien. Esto es una forma de Parabhairava.

---

* Él renace como una roca.

† En realidad, Swamiji dijo que no se logrará en ninguno de los casos.

JOHN: ¿Pero no es la gracia de Parabhairava que tengas el deseo en primer lugar?

SWAMIJI: No, también en segundo lugar [risas].

JOHN: Y también en primer lugar.

SWAMIJI: Sí, también en primer lugar [se ríe].

svargamayo niraya-mayas-
tadayaṁ dehāntarālagaḥ puruṣaḥ ।
tadbhaṅge svaucityād
dehāntara-yogam-abhyeti ।।*92*।।

evaṁ jñānāvasare
svātmā sakṛd-asya yādṛg-avabhātaḥ ।
tādṛśa eva sadāsau
na dehapāte'nyathā bhavati ।।*93*।।

92-93. Entonces esta alma yace en el estado entre asumir formas físicas como en el cielo o en el infierno. Y cuando ese (*karma*) se agota, se une con otro cuerpo de acuerdo con su propia aptitud.

Pero ese Ser que le fue revelado en el momento del conocimiento, ese Ser, en el momento de la muerte, está exactamente en el mismo estado en que se había realizado (en el momento de la revelación del conocimiento).

Allí dice "*tadāsau*". Abhinavagupta ha escrito "*tadāsau*", pero lo he corregido para que diga "*sadāsau*".

Ahora ha descendido otra vez. Él dice: "¿Cuál es la posición cuando ocurre la muerte?".

Aquí, Abhinavagupta ha colocado estos dos *ślokas* para que los lectores sepan que, si *dhātu vaiṣamyāt*...

En el momento de la muerte tiene lugar *dhātu vaiṣam*. Eso es cuando se siente abrumado por el dolor agudo del momento de la muerte debido a *dhātu vaiṣamyāt*, cuando no hay equilibrio en las *nāḍīs* (venas), en la respiración, su memoria está totalmente perdida y no puede pensar en Dios, no puede recordar a Dios en ese momento, debido a que tiene demasiado dolor. Eso les ocurre a algunos, un dolor de este tipo, de acuerdo con acciones pasadas. ¿Qué pasa en ese momento?

karaṇa-gaṇa-saṁpramoṣaḥ
smṛti-nāśaḥ śvāsa-kalilatā cchedaḥ ।
marmasu rujā-viśeṣāḥ
śarīra-saṁskāra-jo bhogaḥ ।।*94*।।

sa kathaṁ vigraha-yoge
sati na bhavet-tena moha-yoge'pi ।
maraṇāvasare jñānī
na cyavate svātma-paramārthāt ।।*95*।।

94-95. La oclusión completa del conjunto de las funciones orgánicas, la destrucción de la memoria, la asfixia de la respiración, la ruptura de las partes vitales, dolencias específicas, la experiencia que proviene de las impresiones del cuerpo, ¿cómo podría esto no existir si hay unión con el cuerpo? Sin embargo, a pesar de que está inconsciente en el momento de la muerte, el hombre iluminado (*jñānī*) no desciende de la realidad de su propio Ser.

Karaṇa-gaṇa-saṁpramoṣaḥ, todos los órganos fallan. Los órganos de acción y los órganos de cognición no pueden actuar, no pueden percibir nada, de lo que sea que esté sucediendo en el momento de su muerte. Eso es *karaṇa-gaṇasaṁpramoṣaḥ*.

En un momento está consciente, ve a sus parientes y amigos que lo miran pero no puede recordar quiénes son. Está en coma; se está hundiendo en un coma. Luego vuelve a estar consciente por un momento pero después pierde su memoria en un instante. Si piensa en alguien por un momento, en el momento siguiente se olvida de todo sobre él. *Smṛtināśaḥ*, la memoria no sobrevive. Si sobrevive, aparece y desaparece de inmediato.

Śvāsakalilatā (*śvāsakalilatā* significa "hipo"), está abrumado por el hipo. El hipo excesivo es un signo de abandonar el cuerpo. El hipo no viene de una buena salud. *Chedaḥ*, y a veces hay una interrupción del pulso (*chedaḥ*). *Marmasu rujā-viśeṣāḥ*, y en todos sus poros siente un dolor tremendamente agudo. Quiere que masajees su cuerpo pero, cuando aprietas, no quiere que aprietes. No lo satisface que aprietes ni tampoco que no aprietes. No puede entender lo que le ha sucedido. Esto es el *bhoga*, esto es el último *bhoga* que es el *bhoga*[*] de la muerte. Le llega a alguien de acuerdo a sus acciones pasadas[†].

Vigrahayoge, en lo que respecta al cuerpo, si tiene un cuerpo, aunque está situado en Parabhairava, *tena mohayoge'pi maraṇāvasare*, también en esta posición, *maraṇāvasare*, en el momento de la muerte, *jñānī*, aquel que ha observado, aquel que ha logrado la conciencia de Dios y está situado en el estado de Parabhairava, *na cyavate jñāna svātma paramārthāt*, no está privado de esa ganancia, de ese logro. Ese logro permanece, eso funciona.

---

* Aunque *bhoga* también puede significar "experiencia", Swamiji a menudo traduce *bhoga* como "disfrute". [*Nota del editor*]

† "Esta es la realidad de este cuerpo. Hay *saṁbava-bhoga*, *janma-bhoga*, *sthiti-bhoga*, tres maneras de disfrute en este cuerpo. Primero está *saṁbhava-bhoga*. *Saṁbhava-bhoga* significa "existiendo en el útero". *Janma-bhoga* es cuando sale del útero, cuando nace. Luego *sthiti-bhoga*; *sthiti-bhoga* significa "el lapso de su vida". *Iti tisraḥ śarīrasya prāgavasthāḥ bhavanti*, estos son estados triples del cuerpo en el principio... *Prasūtasya*, cuando nace, entonces *bālyadivayaḥ parivṛttyā*, luego viaja de la infancia a la juventud, de la juventud a la vejez, de la vejez a la falta de vida; en ese momento siempre se queja de que no tiene vida en las articulaciones, quiere descansar, que no lo molesten. Eso es *sthiti-bhoga*, ese es el disfrute del lapso de la vida. Luego, después de la vida, hay otro disfrute que se llama *mṛtyu-bhoga* (*mṛtyu-bhoga* significa "el disfrute de la muerte"). Cuando muere, disfruta esa muerte; es decir, el dolor que experimenta, a pesar de que es un dolor muy fuerte, pero todavía lo disfruta... Entonces él *yiyāsutā*, se va de viaje a otro mundo; *yiyāsutā* significa "viaje hacia otros nacimientos". *Dve caramāvasthe*, y estos son dos estados al final: *mṛtyu-bhoga* y el viaje, viajar. El punto, lo que piensas en ese momento del viaje, al final, vas a eso, llegas a ese punto. Por lo tanto, vale la pena recordar al Señor Śiva en ese momento, al comenzar ese viaje al final". Swami Lakshmanjoo, *Janma Maraṇa Vicāra*, archivo de USF.

Estas cosas, es decir, estas dolencias, no importan en el momento de la muerte.

GEORGE: ¿Qué significa "importan"? Puede que tenga esos signos pero no es afectado por ellos. Pues puede pasar por todos esos dolores solo para que así le parezca a los demás.

SWAMIJI: Sí.

paramārtha-mārgamenaṁ
jhaṭiti yadā guru-mukhāt samabhyeti ।
atitīvra-śaktipātāt
tadaiva nirvighnam-eva śivaḥ ।।*96*।।

96. Cuando por las palabras de la boca del *guru* uno alcanza el camino de la realidad suprema, entonces, instantáneamente, se produce el descenso de la gracia más elevada (*śaktipāta*) y Śiva se revela sin oscurecimiento.

Hay otra forma de comportamiento al momento de la muerte. A veces algo sucede, algo divino sucede a alguien en el momento de la muerte. Aunque no haya hecho nada durante el período de su vida, ni siquiera ha pensado en hacer algún proceso de *yoga*, pero en el momento de la muerte se le aparece esta misma posición, el estar establecido en el estado de Parabhairava. Es porque posee un cuerpo. A pesar de que no ha desarrollado nada durante su vida...

Desde su nacimiento, le ha vuelto la espalda a todos los asuntos espirituales. Dice: "¡Todo esto es *bakwas**! No creo en esto. Este '*paramārtha-swaramārtha*' es falso".

Pero Parabhairava es un Ser tan grande que él —no particularmente siempre, solo a veces—, en el momento de la muerte, Parabhairava piensa: "Él debe ser aliviado de los dolores de los nacimientos y las muertes. Debe ser uno con Bhairava. Deseo que esto sea así".

---

* Tonterías.

No hay nadie que se le oponga y le diga: "¿Qué haces? Si no ha hecho nada para que esto ocurra, ¿por qué deberías liberarlo?".

"¡Es Mi voluntad! Es Mi elección". Esto también sucede.

Paramārtha mārgamenaṁ jhaṭiti yadā guru mukhāt samabhyeti. *Guru* significa, en ese momento...

"Maestro" significa el trato de Parabhairava. Aquí, *guru* no significa en verdad un *guru* porque no ha estado con ningún *guru* desde su nacimiento. No ha aceptado a ningún *guru* que lo guíe porque estaba en contra de esta guía. Él no quería la guía de nada y no quería comportarse de acuerdo a alguna espiritualidad porque no tenía fe en la espiritualidad.

Pero, si Parabhairava piensa en el momento de la muerte, "Que se convierta en Parabhairava. Es Mi eleccion. Quiero jugar con él de este modo", *atitīvra śaktipātāt*, Él infunde en él *tīvra śaktipāta*, *tadaiva nirvighnameva śivaḥ*, *ekdum** vuela y se hace uno con Parabhairava.

Entonces, todas sus ambiciones se cumplen involuntariamente. No tenía deseo de este tipo de ambiciones, y se cumplen. Este es el trato de Parabhairava, que está más allá de *niyati* ("más allá de *niyati*" significa que no está previsto).

En su comentario, Yogarāja da un ejemplo. Dice: "El autor" —*granthakāraṇa* significa Abhinavagupta— "también ha escrito este *śloka* para esto":

helayā krīḍayā vāpi ādarādvātha tattvavit ׀
yasya saṁpātayed dṛṣṭiṁ sa muktas-tat-kṣaṇāt priye ׀ ׀

Está escrito por Abhinavagupta y este *śloka* es conservado por Yogarāja, el discípulo del discípulo de Abhinavagupta.

El Señor Śiva le dice a Pārvatī (Bhairavī), "Oh Pārvatī, no es necesario que tenga que ser benévolo con esa persona, ese devoto mío, que tiene devoción por Mí. Eso hago; hacia un hombre devoto, me comporto así [es decir, benévolamente]. Pero no

* "De repente" en hindi.

siempre es por su devoción. *Helayā*, también jugando, juego con esta forma de tratar (*krīḍayā*). *Ādarādvā*, también con respeto, pongo en acción esta forma de tratar. *Yasya saṁpātayed dṛṣṭiṁ*, de inmediato, cuando veo que él debe convertirse en Parabhairava, se convierte en Parabhairava, aunque no esté previsto que sea Parabhairava".

También ocurre en la vida de una persona, no solo en el momento de la muerte.

sarvottīrṇaṁ rūpaṁ
sopāna-pada-krameṇa saṁśrayataḥ ।
paratattva-rūḍhi-lābhe
paryante śivamayī-bhāvaḥ ।।97।।

97. Yaciendo como la forma que todo lo trasciende, debido a las etapas (*krama*) que son como etapas de refugio, habiéndose elevado hasta obtener el *tattva* más elevado, finalmente se convierte en la plenitud de Śiva.

*Badhi bodha** significa "más grande que el más grande", Parabhairava.

Ahora, ese devoto Mío, *sarvottīrṇaṁ rūpaṁ*, quien hace *abhyāsa*, quien hace *yoga* para el logro de Parabhairava, *sopāna pada krameṇa*, sucesivamente...

Sucesivamente significa de manera constante y sucesiva. Como les dije, en la balanza, tu práctica de *abhyāsa* debe ser mayor que tu práctica de actividades cotidianas y mundanas.

...paratattva rūḍhi lābhe paryante śivamayī bhāvaḥ. Este es el modo sucesivo.

Y luego, al final, al momento de dejar su cuerpo, él está unido con Parabhairava. Esto también es el tratamiento previsto.

* "*Badhi bodha*" es un término que Swamiji usaba de niño para describir su experiencia de la conciencia de Dios.

Todo depende del estado de Su gobierno. Esto también es así. El gobierno de Parabhairava, el trato de Parabhairava que otorga lo que está previsto de acuerdo a las acciones de una persona.

Esto es *krama*, el camino sucesivo. Allí también se encuentra la forma no sucesiva. Aunque no está registrado así en la administración, también está marcado: "Él lo debe obtener". Si Kāla* le dice a Parabhairava: "Señor, él no ha hecho acciones de ese tipo", Parabhairava le responde, "¡Ya basta! Está hecho". Él es Bhairava. Él actúa de este modo.

Y cualquiera que sea Parabhairava en este campo, también puede hacerlo. No solo es logrado por Parabhairava, ese gran Parabhairava, también es logrado por el pequeño Parabhairava que se ha convertido en Parabhairava. Él también dará el mismo trato a todos. No hay la más mínima diferencia entre ese gran Parabhairava y este Parabhairava.

También tú debes pensar así.

Ahora, una explicación más detallada del camino sucesivo.

tasya tu paramārtha-mayīṁ
dhārām-agatasya madhya-viśrānteḥ ।
tat-pada-lābhotsuka-
cetaso'pi maraṇaṁ kadācit-syāt ।।*98*।।

yoga-bhraṣṭaḥ śāstre
kathito'sau citra-bhoga-bhuvana-patiḥ ।
viśrānti-sthāna-vaśād†
bhūtvā janmāntare śivī-bhavati ।।*99*।।

98-99. Ese *yogī* que no ha alcanzado el estado de plenitud de la realidad suprema pero yace en el centro, o aquel que está ansioso por obtener ese lugar de refugio pero se ha desviado

* Lit., tiempo, Kāla, o Mahākāla, el Señor del tiempo y de la muerte.
† Swamiji reemplaza "*vaśad*" por "*vaśād*" (notas manuscritas de Swami Lakshmanjoo).

del *yoga* (*yoga bhraṣṭa*), y teniendo esa conciencia en algún momento morirá, entonces, como se dice en las *śāstras*, él será el Señor de los maravillosos disfrutes del mundo de los dioses. Y por la influencia de yacer en ese estado, en el siguiente nacimiento (*janma*) alcanza el estado de Śiva.

Por lo tanto, si una persona está intentando con éxito encontrar el estado de Parabhairava a través del modo yóguico (práctica de *yoga*), pero, por desgracia, *dharām agatasya*, esa etapa suprema de Parabhairava que aún no ha logrado en esa vida, en una sola vida, *madhya viśrānteḥ*, está atrapado en el medio, no tiene deseo de disfrute de placeres mundanos, los ha descartado absolutamente, no le gustan los placeres mundanos y le gusta el *yoga* de Parabhairava, quisiera lograr Parabhairava, pero no tiene las agallas para su logro porque la posición de su mente y el poder de su enfoque mental es muy lento, y *madhya viśrānteḥ*, si ha hecho este tratamiento (práctica) de *yoga* por la mitad y muere, abandona su cuerpo... ¿Qué pasará con esta persona?

... *tat padalābha utsuka cetaso'pi*, ya ha desarrollado tanto deseo de alcanzar ese estado, *maraṇaṁ kadācitsyāt*, pero, por su desgracia, muere, ¿qué le sucede?

También se explica en la *Bhagavad Gītā*, a través de la pregunta de Arjuna.*

Luego, después de la muerte, *yoga bhraṣṭaḥ śāstre kathitaḥ*, en los *śāstras*, se le llama *yoga bhraṣṭaḥ*; él es un *yoga bhraṣṭaḥ*, *asau*, este *yoga bhraṣṭaḥ*, después de la muerte, *citra bhoga bhuvana patiḥ*, es empujado a los paraísos supremos más altos, a los más altos cielos, donde Anantabhaṭṭāraka† está a cargo; este *yoga bhraṣṭaḥ* está allí y *citra bhoga bhuvana patiḥ*, él disfruta...

---

* Ver *Bhagavad Gītā*, 6.41-43.

† "Anantabhaṭṭāraka es el asistente personal del Señor Śiva, el *rūdra* del Señor Śiva. Él es Śiva pero se le llama Anantabhaṭṭāraka. Anantabhaṭṭāraka solo actúa en la creación inferior: en la creación, protección y destrucción. En la revelación y el ocultamiento, actúa el mismo Señor Śiva". Swami Lakshmanjoo, *Tantrāloka* 9.144, archivo de USF.

Citra bhoga bhuvana patiḥ. Hay dos secciones en el reino de Anantabhaṭṭāraka. Una sección es el tratamiento de aquellos a quienes solo les gusta *abhyāsa* (la práctica), y la otra sección es para aquellos a quienes también les gusta disfrutar del mundo. Él va a la segunda sección.

... él disfruta en la manera de los placeres mundanos. Y, después de eso, él es asignado por Anantabhaṭṭāraka a la otra sección en donde Anantabhaṭṭāraka le pide a grandes *yogīs* presentes que lo hagan hollar en el camino de *nirvikalpa yoga*.*

Bhūtvā janmāntare, luego, después de más de cien millones de años, vuelve aquí, nace en la Tierra y, en esa vida, se convierte en Śiva, se convierte en Parabhairava.

Entonces, para él no hay miedo. Si él no tiene la capacidad de hacer *yoga* pero tiene el deseo de realizar *yoga*, también será glorificado con Mi *śaktipāta*. Entonces, no hay miedo para alguien que tome Mi refugio en cualquier momento.

paramārtha-mārgam-enaṁ
hy-abhyasyāprāpya yogam-api nāma |
sura-loka-bhoga-bhāgī
mudita-manā modate suciram ||*100*||

100. Verdaderamente, aunque no logró esa práctica de *yoga* que es el camino hacia la realidad suprema, sin embargo, gozando los disfrutes del cielo, con la mente feliz, es feliz por mucho tiempo.

viṣayeṣu sārva-bhaumaḥ
sarva-janaiḥ pūjyate yathā rājā |
bhuvaneṣu sarvadaivair
yoga-bhraṣṭas-tathā pūjyaḥ ||*101*||

* Para una explicación de *nirvikalpa*, ver el Apéndice A11.

101. Al igual que el emperador universal es adorado como un rey por todas las personas, así el que ha caído del *yoga* es adorado por todas las deidades en los mundos celestiales.

También hay una tercera sección de *yoga bhraṣṭas*, una tercera sección de aquel que tiene mucho deseo de llevar a cabo un disfrute mundano completo y que también tiene este deseo intenso del *yoga*. El que quiere llevar a cabo ambos, para él también hay un tercer camino. El tercer camino se desarrolla en ese mundo superior. Esto me fue dado en mi último nacimiento.

JOHN: ¿En tu último nacimiento?

SWAMIJI: En mi último nacimiento, sí, esto me fue dado.

JOHN: ¿Esta vez o antes?

SWAMIJI: Antes de eso.

DENISE: Antes del nacimiento.

SWAMIJI: Antes de este nacimiento, cuando nací cuando nació Abhinavagupta. También nací con Abhinavagupta. Yo *era* Abhinavagupta, pero no era así. Yo solo era el rey Abhinavagupta en una vida pasada. Ahora no soy un rey. Soy Parabhairava.

JOHN: Entonces, antes de que Abhinavagupta naciera, él vino de este cielo, ¿verdad?

SWAMIJI: Sí.

JOHN: ¿Tú viniste de este cielo?

SWAMIJI: Sí.

JOHN: Y luego Abhinavagupta vivió su vida, luego dejó su cuerpo y luego decidió que tenía que venir de nuevo?

SWAMIJI: Sí, entonces él entró en mí. Y luego nací de nuevo como Abhinavagupta, en este período.

JOHN: Ahora.

SWAMIJI: De esa manera, no era Abhinavagupta. Yo era simplemente un *yoga bhraṣṭa*. No significa que Abhinavagupta sea solo uno. Abhinavagupta puede ser muchos.

JOHN: ¿Cómo?

SWAMIJI: Porque Parabhairava también es ilimitado.

viṣayeṣu sārva-bhaumaḥ
sarva-janaiḥ pūjyate yathā rājā | *100a*

Cuando voy a un mundo celestial, todos los reyes y reinas presentes baten tambores y me saludan. Digo: "Sí, muy bien", y sigo, sigo en todos esos mundos, como si tuviera que hacer un recorrido. Realizo un recorrido y veo cómo todos los reyes y reinas se comportan hacia mí, porque estoy coronado, yo soy la persona más valiosa.

bhuvaneṣu sarvadaivair
yoga-bhraṣṭas-tathā pūjyaḥ || *101* ||

Entonces, en todos estos cielos superiores, *yoga bhraṣṭaḥ tathā pūjyaḥ*, todos tienen el mayor respeto. No dan ofrendas, pero ellos tienen respeto. Porque en ese momento tampoco me gustaba recibir ofrendas. Me gusta el honor. Y allí desarrollé honor. Me gusta eso. Fue de mi agrado. Este tipo de *yoga bhraṣṭa* también existe en este mundo. He experimentado muchos *yoga bhraṣṭas*.

mahatā kālena punar-
mānuṣyaṁ prāpya yogam-abhyasya |
prāpnoti divyam-amṛtaṁ
yasmād-āvartate na punaḥ || *102* ||

102. Después de mucho tiempo nuevamente logra el nacimiento humano y con la práctica del *yoga* obtiene el néctar celestial (que es *mokṣa*) y por lo tanto no regresa de nuevo.

Después de muchos, muchos siglos, muchos, muchos millones de años, él regresa de nuevo a este mundo y logra ese néctar divino de Parabhairava, *yasmāt āvartate*, entonces no le gusta volver aquí.

Y después no vendré otra vez a este mundo.

tasmāt sanmārge'smin
nirato yaḥ kaścideti sa śivatvam |
iti matvā paramārthe
yathā-tathāpi prayatanīyam | | *103* | |

103. Por lo tanto, el que se empeña en hollar este camino de la realidad, logra la Śiva-idad. Entonces, sabiendo esto, debe intentar obtener esa realidad suprema por cualquier medio.

"Por lo tanto, oh devotos míos", Abhinavagupta dice a todo el mundo, "Oh devotos míos, *asmin sanmārge*, en este camino de Parabhairava, del logro de Parabhairava; quienquiera que ha dado un paso con deseo puro; no importa si ese deseo es lento, si es intenso o como sea, quien ha dado este paso, quien ha dado este paso...".

No importa si es un *brahmán*, si es un *wattal* (barrendero), si es un paria, quien sea, para esto no es importante.

"... *nirato yaḥ kaścid eti sa śivatam*, se convierte en uno con Parabhairava. *Iti matvā*, de esta manera debes tener en cuenta, *yathātathāpi prayatanīyam*, pase lo que pase, ocurra lo que ocurra, sigue practicando, sigue practicando. Esa práctica puede ser la práctica más baja, esa práctica puede ser una práctica media, esa práctica puede ser una práctica intensa; sigue haciendo algo, *yathātathāpi*, lo que sea que venga".

Si te aplastan, sigue haciendo algo, sigue recordando a Dios, sigue recordando a Dios. Esta es la forma en que, de cualquier manera que lo recuerdes, *bas*, Él te llevará. Porque este recuerdo es el camino. Puede ser medio, puede ser bajo, puede ser muy bajo, puede ser el más bajo; puede ser intenso, puede ser muy intenso, eso no importa. Continúa, un paso más, un paso más. Nunca dejes de intentarlo. *Yathātathāpi*, pase lo que pase.

Oh, "*evaṁ*". Es el final.

evaṁ, de esta manera, *śāstrakāraḥ śeṣabhaṭṭārakoktaṁ paramārthasāropadeśaṁ śivādvayaśāsanakrameṇa yuktyanubha-*

vāgamasanāthaṁ pratipādya, svātmanaḥ paritoṣamātrārthitayā svābhidhānapradarśanapūrvakam 'ayameva upadeśaḥ' iti nirūpayan granthārthopasaṁhāram āha[*]

Ahora, Abhinavagupta, el autor de este libro, dice que es el *nicoḍa*[†] del *Paramārthasāra* de Śeṣamuni...

Paramārthasāra de Śeṣamuni, ¿entienden? El *Paramārthasāra* de Patañjali fue la base de este *Paramārthasāra*.

... y lo he explicado con un baño de shaivismo. He explicado este *Paramārthasāra* con un tratamiento shaivita. Y la base es aquel *Paramārthasāra*, que Patañjali Muni[‡] relató a su discípulo".

idam-abhinavaguptodita-
saṁkṣepaṁ dhyāyataḥ paraṁ brahma ।
acirād-eva śivatvaṁ
nija-hṛdayāveśam-abhyeti ।।*104*।।

104. Meditando en el Brahman más elevado, alcanza instantáneamente la Śiva-idad por yacer en su propio corazón. Así lo manifiesta Abhinavagupta brevemente.

Idam abhinavagupta udita saṁkṣepam. Este es el *saṁkṣepam*[§] solo en cien *ślokas*. He contenido este *Paramārthasāra* en cien *ślokas*, en pocas palabras. Pero, aunque su cuerpo es cien *ślokas*, el volumen de su conocimiento es más de un *crore* de *ślokas*[¶]. Y esto lo he hecho en estos pocos *ślokas*. Esta es mi forma de expandir y exponer en dos palabras. Puedo exponer el tratamiento de Parabhairava, puedo llevar a cabo el tratamiento de Parabhairava, ¡en dos palabras! Este es mi poder (dice Abhinavagupta). Y qué dos

---

* Del comentario de Yogarāja.
† "Extracción" en hindi.
‡ *Muni* significa "persona santa".
§ *Saṁkṣepa* significa un "extracto" o "explicación breve".
¶ Un *crore* es igual a diez millones.

palabras; el Señor Śiva y Pārvatī no pudieron explicarlo en un *crore* de *ślokas*. Han explicado ese conocimiento en un *crore* de *ślokas*, cien mil *ślokas*, más que eso. Mi poder es el que da ese conocimiento en dos palabras, y en un instante, antes de que se inserte en su cerebro, antes de eso, se convierte en Bhairava.

Este es el tratamiento de ese "tratamiento electrónico". Una vez que Abhinavagupta está presente, Abhinavagupta todavía no ha pronunciado palabra alguna, va a hablar, *bas*, ¡entonces el discípulo se convierte en Bhairava! Después ya nadie escucha. Su discípulo no escuchará nada. Y Abhinavagupta escuchará lo que él mismo está diciendo. El discípulo se fue, antes de eso se fue al estado de Parabhairava.

Este es el poder del tratamiento de Abhinavagupta. Donde está Abhinavagupta, está todo. Parabhairava también se asombra al ver a Abhinavagupta. Abhinavagupta es este ser que vino y también recibió este tratamiento en el mundo superior, y ha venido a este mundo para este tratamiento.

JOHN: ¿Cuáles son esas dos palabras?

SWAMIJI: No. Es como si tú me grabas en la cámara de vídeo y yo no digo nada, tú solo manejas la máquina; sin hablar, viene en eso. ¿Lo entiendes? Todo viene en eso. Y, cuando hablo, no viene. Va en el éter. Puedes llevarlo a los Estados Unidos con esta cinta. En la cinta de video, estará allí.

Son palabras no dichas. "Dos" no significa "dos".

DENISE: Significa que su poder es tan grande que incluso si dijera dos palabras, entrarías en ese estado antes de que dijera las palabras.

SWAMIJI: Sí.

āryā-śatena tadidaṁ
saṁkṣiptaṁ śāstra-sāram-atigūḍham ǀ
abhinavaguptena mayā
śiva-caraṇa-smaraṇa-dīptena ǀ ǀ *105* ǀ ǀ

105. Esta esencia del *śāstra* que es muy profunda ha sido descrita concisamente por mí, Abhinavagupta, en cien *ślokas*, recordando los rayos de Śiva por los cuales estoy iluminado.

Mayā abhinavaguptena, yo, Abhinavagupta, que soy *dīptena* (brillante, radiante) por estar unido con los millones de energías de Parabhairava (*śiva caraṇa smaraṇa dīptena*, que brilla con fulgor), yo, Abhinavagupta, *saṁkṣiptaṁ*, he hablado en breves palabras, ¡la esencia de todos los *śāstras*! Todo lo que existe, todo lo que no existe, todo lo que será publicado, lo que sea que venga, algún otro tratamiento del *śāstra* que vendrá en el futuro, eso también está brillando aquí en esto, en el *Paramārthasāra*, en estos cien *ślokas*.

Ahora está el *śloka* del comentarista, Yogarāja:

śrīmataḥ kṣemarājasya sadgurvāmnāya-śālinaḥ ǀ
sākṣātkṛta-maheśasya tasyāntevāsinā mayā ǀ ǀ *1* ǀ ǀ

śrī-vitastā-purī-dhāmnā viraktena tapasvinā ǀ
vivṛtir-yoganāmneyaṁ pūrṇādvayamayī kṛtā ǀ ǀ *2* ǀ ǀ

Yogarāja dice: "Kṣemarāja, que era *sadgurvāmnāyaśālinaḥ*, y que era mi maestro, *sākṣātkṛta maheśasya tasyāntevāsinā mayā*, él era el *śiṣya* (discípulo) de esa persona que se había convertido en uno con Parabhairava". Es decir, Abhinavagupta. "Era su *śiṣya*; mi maestro era su *śiṣya*. Y yo era *virakta*, era un *brahmacāri*".

Yogarāja dice: "Yo era un *brahmacāri* y vivía cerca de Lalitapura, en la orilla del río Jelum, cerca de Bijbehara". Bijbehara es donde están esos *jyotiṣis* (astrólogos). "*Vivṛtir yoganāmneyaṁ pūrṇādvayamayī kṛtā*. *Yoganāmna*, mi nombre es Yogarāja, y he hecho este *vivṛti tīkha* (breve comentario) del trabajo del maestro de mi maestro, Abhinavagupta.

[saṁ]pari pūrṇeyaṁ paramārthasāra saṁkṣiptā [graha] vivṛtiḥ kṛtistatra bhavat parama māheśvara śrī rājānaka yogarājasya | |

Este comentario es el trabajo de Yogarāja.

iti śivaṁ.*

Bas, está terminado.

¡*Jai Guru Dev*!

* "*Iti śivaṁ*, el Señor Śiva permanecerá siempre". Swami Lakshmanjoo, audio de la *Bhagavad Gītā*, archivo de USF.

APÉNDICE A

1. *Prakṛti* y los *guṇas*

Desde el cielo hasta este mundo mortal, no encontrarás a un individuo existente que no haya caído en las garras de los tres *guṇas*. Todos los que existen en este mundo o en los cielos están enredados en el ciclo de los tres *guṇas* que nacen de *prakṛti*".

Swami Lakshmanjoo, audio de la *Bhagavad Gītā*, archivo de USF.

Prakṛti es el estado indiferenciado (*avyakta*, no manifestado) de los tres *guṇas*; *prakṛti* es el útero de los tres *guṇas*.

En *prakṛti* no puedes ver a los tres *guṇas*. Entonces tienes que agitar eso... Y la agitación es hecha por Anantabhaṭṭāraka o Śrīkaṇṭhanātha... ese es el estado de *guṇa tattva*, no de *prakṛti tattva*. *Prakṛti tattva* es el estado no agitado y *guṇa tattva* es el estado agitado. Es por eso que en el shaivismo hemos puesto otro elemento, *guṇa tattva*. *Prakṛti* crea ese *guṇa tattva*. Pero en *prakṛti*, *guṇa tattva* no es visible porque está mezclado. *Prakṛti* es la mezcla de los tres *guṇas*. *Prakṛti* es de donde surgirán los *guṇas*. *Prakṛti* es el útero de los tres *guṇas*.

Prakṛti es llamado "*sāmyavastha*", el estado de equilibrio de *sukha*, *duḥkha* y *moha*, a saber, *sattvaguṇa*, *rājoguṇa* y *tamoguṇa*. Y *prakṛti* es *karaṇa*, *prakṛti* es la causa, y el efecto es *sukha*, *duḥkha* y *moha*, el placer, el dolor y la ilusión (el estado inconsciente).

Prakṛti es un elemento objetivo. *Prakṛti* debe ser disfrutado por el disfrutador. El disfrutador es el *puruṣa* enredado con cinco elementos subjetivos, es decir, los *kañcukas*.

Prakṛti es nuestra naturaleza. Y esta naturaleza está limitada por nuestro intelecto, que es la colección de *sattvaguṇa*, *rājoguṇa* y *tamoguṇa*. *Prakṛti* siempre está oscilando en los *guṇas*. A veces estás triste, a veces estás alegre, a veces estás atolondrado.

Eso es *prakṛti*.

Prakṛti siempre es diferente para cada persona.

Swami Lakshmanjoo, *Tantrāloka* 9. 215-223, archivo de USF.

Las tres mareas de los tres *guṇas* son, en el sentido real, unas con la conciencia de Dios.

Swami Lakshmanjoo, audio de la *Bhagavad Gītā*, archivo de USF.

En los *śāstras* (escrituras), *prakṛti* es explicado de dos maneras. *Aparā prakṛti*, que se dice que es óctuple, es la combinación de los cinco grandes elementos junto con la mente, el intelecto y el ego. *Parā prakṛti* es la energía del ser que gobierna y contiene todas las actividades y las concepciones de este universo.

Shaivismo de Cachemira, el Supremo secreto, capítulo 14.

... los cinco elementos, más la mente, el intelecto y el ego. Esto es *aṣṭadhā*, la *prakṛti* óctuple. *Prakṛti* significa Mi *śakti*, pero *apareyam*, o sea, *aparā* (densa).

Hay otra que es una *śakti* sutil. Esa es *parā prakṛti*, la *prakṛti* suprema, la energía suprema que es *svātantrya śakti*, la *svātantrya śakti* por la que todo este universo está donde está, está en su sitio. *Parāprakṛti* abarca todo el universo, lo que existe y lo que no existe.

Aparā prakṛti es solo para la escala inferior. Es óctuple: los cinco elementos, la mente, el intelecto y el ego; esto se llama *aparā prakṛti*. Y *parā prakṛti* es suprema, es *svātantrya śakti* por la cual todo el universo y también yo existimos. *Parā śakti* es Mi propiedad personal. Y *aparā śakti* es propiedad de Anantabhaṭṭāraka. Tiene que lidiar con esa *śakti de* acuerdo con los buenos *karmas* y los malos *karmas* de los seres individuales. De acuerdo con esto, los crea, los protege y los destruye. Y esta gran *prakṛti*, que es *svātantrya śakti*, por ese medio, les oculto y les revelo Mi naturaleza.

Pidanā (ocultamiento) y *anugraha* (revelación), manejo esa *svātantrya śakti*. El resto (la creación, la protección y la destrucción) es llevado a cabo de acuerdo con sus propios *karmas*, y quien opera es Anantabhaṭṭāraka.

Entonces, esta *aparā prakṛti*, esta *prakṛti* inferior, es llevada a cabo y comprendida por todos. Esta *prakṛti* ha creado este universo, lo ha protegido y lo ha destruido periódicamente. Y la vida de esta *prakṛti* está separada, habitando en Mi *parā prakṛti*. Es así como tienen lugar la creación y los actos quíntuples de este universo: los tres actos por la *prakṛti* inferior y los otros dos actos por la *prakṛti* suprema.

Bhagavad Gītā 7.5, con comentario.

Ambos, *prakṛti* y *puruṣa*, no tienen principio ni fin. *Prakṛti* es sin final y sin principio y *puruṣa* es sin final y sin principio. Ambos son sin final y sin principio, pero *vikārāṁśca guṇāṁścaiva viddhi prakṛti saṁbhavān*, los tres *guṇas* y el *ghaṭa padādi*, todo el mundo objetivo es producido por *prakṛti*. *Prakṛti* ha producido estas flores; estas casas, plantas, automóviles, todo lo demás, son producidos por *prakṛti*. Y *prakṛti* no tiene nada que ver con esta producción.

Prakṛti ha hecho esto para que *puruṣa* lo pruebe, para que se enrede en la rueda de repetidos nacimientos y muertes. *Prakṛti* es muda, quieta, ella es *jaḍa* (inerte). Ella crea esto para *puruṣa*.

Ella baila, lo patea, juega con él, de un nacimiento a otro nacimiento, lo que ella quiera. Pero tan pronto como *puruṣa* se vuelve consciente de *prakṛti*, de que "*prakṛti* está jugando conmigo, está bailando sobre mí", él se convierte en *mukta* y permanece al margen de *prakṛti*. En ese momento entra en el estado de Parabhairava y se vuelve *jīvanmukta* (liberado mientras está encarnado).

Bhagavad Gītā 13.20-21, con comentario.

2. *Svātantrya*

Las cinco energías de la conciencia de Dios son producidas por Su *svātantrya śakti* de libertad absoluta, Su poder libre. Esto se llama *svātantrya śakti*. *Svātantrya śakti* produce estas cinco energías del Señor Śiva:

Cit śakti se basa en Su naturaleza, *ānanda śakti* se basa en Su *śakti*, en Su Pārvatī, *icchā śakti* se basa en *sadāśiva*, *jñāna śakti* (la energía del conocimiento) se basa en *īśvara* y la energía de *kriyā* se basa en *śuddhāvidya*. Estos cinco estados puros del Señor Śiva son uno con el Señor Śiva.

Cit śakti indica la posición verdadera del Señor Śiva, *ānanda śakti* indica la posición de *śakti* del Señor Śiva, *icchā śakti* indica la posición de *śakti* de *sādaśiva*, *jñāna śakti* indica Su posición de *īśvara* y *śuddhāvidya* es Su quinta posición, es decir, *kriyā śakti*. Las cinco posiciones están llenas de conciencia de Dios.

Debajo de esto está la escala de *māyā*, la ilusión. Eso va desde *māyā* hasta la tierra.

Swami Lakshmanjoo, *Special Verses on Practice*, archivo de USF.

La definición de *svātantrya* es "libertad de acción y libertad en el conocimiento"; cuando conoces con tu libertad, cuando actúas con tu libertad. Cuando conoces y no tienes éxito en ese conocimiento, no hay *svātantrya*. Cuando no hay *svātantrya*, no es realmente conocimiento. Cuando no hay *svātantrya*, no es realmente acción. La acción de los individuos es así. Las personas conocen, conocen algo —no se puede decir que no conozcan nada, conocen algo—, pero ese conocimiento no tiene *svātantrya*. Y también actúan, hacen algo, pero ese hacer tampoco tiene *svātantrya*. Sin *svātantrya*, hacer y conocer no tienen valor. Cuando hay *svātantrya* tienen un valor completo.

La esencia de *svātantrya* es *anavacchinna*, más allá de la limitación en todos los aspectos. En este estado no se puede encontrar un límite. *Vicchinna camatkāra maya viśrāntyā*, este estado limitado de ser también se encuentra presente allí. El Señor Śiva es ilimitado, pero el ciclo limitado de la conciencia de Dios también se encuentra allí. Por lo tanto, es tanto limitado como ilimitado. El ser que solo es limitado no es verdadero. El ser que solo es ilimitado no es verdadero. ¿Por qué? Porque es limitado. El ser que es ilimitado no es verdadero porque es únicamente ilimitado y no es limitado.

La plenitud de la conciencia de Dios se encuentra en aquel que es limitado y, al mismo tiempo, también ilimitado. Esa es la plenitud de la conciencia de Dios. La plenitud de la conciencia de Dios es donde no se excluye nada. También es uno con cualquier cosa que sea excluida. Esa es la plenitud de la conciencia de Dios.

Swami Lakshmanjoo, audio con comentario del *Parātrīśikā Vivaraṇa*, archivo de USF.

El Señor Śiva crea este universo externo en aras de realizar Su propia naturaleza. Es por ello que este universo externo se denomina "Śakti", ya que es el medio para realizar la propia naturaleza. Por lo tanto, con el fin de reconocer Su naturaleza, Él primero debe convertirse en ignorante de Su naturaleza. Solo entonces puede reconocerla.

¿Por qué desearía reconocer su naturaleza en primer lugar? Es debido a Su libertad, Su *svātantrya* (independencia). Este es el juego del universo. Este universo fue creado únicamente para el divertimento y la alegría de esta realización. Sucede que cuando Su plenitud se desborda, Él quiere volverse incompleto. Quiere aparecer como incompleto solo para luego lograr la plenitud. Este es el juego de Su *svātantrya*: apartarse de Su propia naturaleza para disfrutarla nuevamente. Este *svātantrya* es el que ha creado todo este universo. Este es el juego del *svātantrya* de Śiva.

Este tipo de acción no puede ser realizada por ningún poder en este universo que no sea el del Señor Śiva. Solo el Señor Śiva puede hacer esto. Solo el Señor Śiva, por Su propio *svātantrya*, puede ignorar y enmascarar Su propia naturaleza por completo. Esto es Su *svātantrya*, Su gloria, Su inteligencia. "Inteligencia" no significa que en esta súper obra dramática llamada creación solo interpretarás el rol de una mujer o de un hombre. Este tipo de inteligencia hará que también interpretes el rol de rocas, de árboles, de todas las cosas. Este tipo de inteligencia solo se encuentra en el estado del Señor Śiva y en ningún otro lugar.

Self Realization in Kashmir Shaivism–Fifteen Verses of Wisdom, capítulo 1, estrofas 5, 6 y 7, pp. 23-26.

Svātantrya śakti y *māyā* son una. *Svātantrya śakti* es aquel estado de la energía que puede producir el poder de descender y volver a subir. Y *māyā* no es así. *Māyā* te dará la fuerza para descender y luego no tendrás la habilidad para subir. Entonces no puedes subir de nuevo. Este es el estado de *māyā*. Y los tres *malas* ("impurezas") residen en *māyā śākti*, no en *svātantrya śakti*, aunque *svātantrya śakti* y *māyā śakti* son una. *Māyā śakti* es la energía, la energía universal, que pertenece al ser individual, al alma individual. La misma energía, cuando pertenece al Ser universal, se llama *svātantrya śakti*.

Svātantrya śakti es pura energía universal. La energía universal impura es *māyā*. Solo la formación cambia debido a una diferencia de visión. Cuando experimentas *svātantrya śakti* de manera defectuosa, para ti se convierte en *māyā śakti*. Y cuando te das cuenta de esa misma *māyā śakti* en la Realidad, entonces para ti esa *māyā śakti* se convierte en *svātantrya śakti*. Por lo tanto, *svātantrya śakti* y *māyā śakti* son en realidad solo una y las tres impurezas (*malas*), que se explicarán aquí, residen en *māyā śakti*, no en *svātantrya śakti*.

Shaivismo de Cachemira, el Supremo secreto, capítulo 7.

3. *Malas* (impurezas)

Las tres impurezas son densa (*sthūla*), sutil (*sūkṣma*) y más sutil (*para*).

La impureza densa se llama *kārmamala*. Está conectada con las acciones. Esta impureza es la que inserta impresiones en la conciencia del ser individual como las que se expresan en las afirmaciones "Estoy feliz", "No estoy bien", "Tengo dolor", "Soy un gran hombre", "Tengo mucha suerte", etc.

La siguiente impureza se llama *māyīyamala*. Esta impureza crea diferenciación en la propia conciencia. Es la impureza de la ignorancia (*avidyā*), la impureza sutil. Los pensamientos "Esta casa es mía", "Esa casa no es mía", "Este hombre es mi amigo",

"Ese hombre es mi enemigo", "Ella es mi esposa", "Ella no es mi esposa", son creados por *māyīyamala*. *Māyīyamala* crea dualidad.

La tercera impureza se llama *āṇavamala*. Es la impureza más sutil*. *Anavamala* es la impureza específica interna del individuo. Aunque alcance el estado más próximo de la conciencia de Śiva, no tiene la capacidad de afirmarse en ese estado. Esta incapacidad es la creación de *āṇavamala*. Por ejemplo, si eres consciente de tu propia naturaleza y luego esa consciencia se desvanece, y se desvanece rápidamente, este desvanecimiento es causado por *āṇavamala*.

Āṇavamala es *apūrṇenā*, no plenitud. Es la sensación de estar incompleto. Debido a esta impureza, te sientes incompleto en todos los sentidos... Aunque te sientes incompleto, sabes que hay una carencia en ti, no sabes cuál es realmente esta carencia. Deseas tenerlo todo y sin embargo, no importa lo que tengas, esto no completa tu sensación de carencia, tu hueco. No puedes llenar esta carencia a menos que el maestro te la señale y te lleve a ese punto.

De estas tres impurezas, *āṇavamala* y *māyīyamala* no están en la acción, solo están en la percepción, en la experiencia. La que está en la acción es *kārmamala*.

Shaivismo de Cachemira, el Supremo secreto, capítulo 7.

Otros pensadores admiten que toda esta existencia universal es ignorancia, es *māyā* (ilusión), es dolor, es tortura —ellos lo explican así—; pero nosotros los shaivitas no lo explicamos de este modo. Los shaivitas explicamos que este universo es la expansión de tu propia naturaleza. *Mala* no es nada; *mala* es solo tu libre albedrío de expandir tu propia naturaleza.

Entonces hemos llegado a la conclusión de que *mala* en verdad no es una impureza, es decir, una sustancia. Es tu propia elección; es la elección del Señor Śiva. La existencia de impureza no es una cosa, es solo la elección del Señor Śiva. Es *svarūpa svātantrya māṭraṁ*, es solo tu voluntad, solo tu gloria independiente.

---

* *Āṇavamala* es la raíz de las otras dos impurezas. ¿Cuáles son esas otras dos impurezas? *Māyīyamala* y *kārmamala*.
Swami Lakshmanjoo, *Parātrīśikā Vivaraṇa*, archivo de USF.

Si te das cuenta de que es *svarūpa svātantrya māṭraṁ*, que es tu propio juego, ¿qué puede hacer una cosa impura? Una cosa impura solo infundirá pureza en ti... si te das cuenta de que la impureza no existe en absoluto, es solo tu propio juego, solo tu propia expansión independiente.

Entonces, *mala* no es sin forma ni con forma. Es solo ignorancia. No le permite funcionar al conocimiento, el conocimiento es detenido. *Mala* es la ausencia de conocimiento. *Mala* no es algo sustancial... Entonces, esta ausencia de conocimiento tiene lugar solo por ignorancia... de lo contrario no hay *mala*. En el sentido real, *mala* no existe, la impureza no existe.

Swami Lakshmanjoo, *Tantrāloka* 9.79-83, archivo de USF.

4. ***Kañcukas*** (lit., coberturas)

Directamente, la conciencia universal nunca puede viajar hacia la conciencia individual a menos que la conciencia universal esté totalmente desconectada. *Māyā* es el elemento de desconexión de la conciencia de Dios. *Kalā* (la acción limitada) es el elemento de conexión de ese ser muerto en algo limitado. Entonces él hace algo por *kalā*. Cuando hace algo, la individualidad brilla. De lo contrario, directamente de la conciencia de Dios, la conciencia individual nunca surgiría a la existencia.

Swami Lakshmanjoo, *Tantrāloka* 9.175-6, archivo de USF.

Kalā, *vidyā*, *rāga*, *kāla* y *niyati* son las bielas limitantes entre el individuo y Dios.

Swami Lakshmanjoo, *Tantrāloka* 9.257, archivo de USF. Para una explicación más detallada de los *ṣaṭ kañcukas* (las seis coberturas) ver *Shaivismo de Cachemira, el Supremo secreto*, capítulo 1.

Los cinco estados puros del Señor Śiva toman la formación de *ṣaṭ kañcuka* en el individuo. Porque lo que sea que se manifieste en el universo, no se manifiesta como diferente de Śiva. Lo que ha surgido en la manifestación es la misma cosa; lo mismo que existía en Paramaśiva, esa misma cosa también se manifiesta en el exterior.

Swami Lakshmanjoo, *Tantrāloka* 6.41, archivo de USF.

Kalā, *vidyā*, *rāga*, *kāla* y *niyati*; estos cinco elementos son solo el fruto, los brotes, de *māyā*. *Kalā* significa “la capacidad de hacer algo”, *vidyā* significa “la capacidad de saber algo”, *rāga* significa “la capacidad de algún apego (no apego universal)”, *niyati* significa “la capacidad de limitación del espacio”, *kāla* significa “la limitación del tiempo”.

Swami Lakshmanjoo, *Tantrāloka* 9.41, archivo de USF.

Los *kañcukas* atañen al ser individual. Es por eso que el gramático Pāṇini también ha aceptado a las letras *ya*, *ra*, *la*, *va* como representativas de los *kañcukas*; estas letras como *antaḥstha*... Y todas las energías sutiles no se encuentran fuera del ser individual sino dentro del ser individual, dentro del pensamiento del ser individual, dentro de la percepción del ser individual. Así que son nombradas, designadas, por el gramático Pāṇini, como “*antaḥstha*”. *Antaḥsthā* significa “aquello que está residiendo en el interior del ser individual”.... Decimos que no es *antaḥstha*, es *dhāraṇā* [lit., el apoyo o soporte] porque da *vida* al ser individual. El ser individual es creado, es glorificado por estos cinco elementos (“cinco” significa las cinco coberturas); la gloria de su propio lugar, no la gloria de Śiva; glorificado con su propio... esa esfera limitada.

Swami Lakshmanjoo, *Śiva Sūtra Vimarśinī*, archivo de USF.

En los *tantras śaiva* (los *kañcukas*) son denominados “*dhāraṇā*”. Estos cinco elementos (*kalā*, *vidyā*, *rāga*, *kāla*, *niyati*, junto con *māyā*) se denominan “*dhāraṇā*” porque dan vida al ser individual; el ser individual vive en estos cinco elementos. Sin estos cinco elementos no habría vida para el ser individual, solo existiría la esfera del Señor Śiva. Si estos cinco elementos no estuvieran presentes, no habría posibilidad de que el ser individual existiera. El ser individual solo vive sobre la base de estos cinco elementos. Por eso son denominados como *dhāraṇā*. *Dhāraṇā* significa aquello que te da vida para existir.

Swami Lakshmanjoo, *Śiva Sūtra Vimarśinī*, archivo de USF. Ver también *Shaivismo de Cachemira, el Supremo secreto*, capítulo 1.

5. Los siete perceptores

El primer estado se llama *sakala*. El estado *sakala* es aquel estado donde la percepción tiene lugar en el mundo objetivo y no en el mundo subjetivo. En otras palabras, llamaría a este estado el estado de *prameya*, el estado del objeto de percepción. Es realizado por su *pramātṛ*, el observador que reside en este estado, en el campo de la objetividad y su mundo.

El segundo estado se llama *pralayākala*. Este es el estado de la negación, donde el mundo entero es negado. Aquel que reside en este mundo de negación se llama *pralayākala pramātṛ*, el observador del estado *pralayākala*. Este *pramātṛ*, este perceptor, no experimenta el estado de esta vacuidad, ya que en realidad se trata del estado de inconsciencia. Este estado se observaría en el momento de *mūrcchā*, cuando uno experimenta el estado de coma, que es como un sueño antinatural y pesado, como un sueño profundo sin sueños. Y el observador, *pralayākala pramātṛ*, reside en ese vacío de inconsciencia.

Estos dos estados, *sakala* y *pralayākala*, funcionan en el estado de individualidad, no en el estado de tu naturaleza real. Estos son estados de personas mundanas, no de aspirantes espirituales.

El tercer estado se llama *vijñānākala pramātṛ*. Este estado es experimentado por aquellos que están en el camino del *yoga*. Aquí, a veces el *yogī* experimenta conciencia (pero esta conciencia no es la conciencia activa), y en otras ocasiones, su conciencia está activa pero no es consciente de esa conciencia activa. Este *vijñānākala pramātṛ*, por lo tanto, tiene lugar de dos maneras: a veces está lleno de acción (*svātantrya*) sin conciencia, y a veces está lleno de conciencia sin acción.

El cuarto estado del observador se llama *śuddhavidyā* y su observador se llama *mantra pramātṛ*. En este estado, el observador siempre es consciente con *svātantrya*.

El siguiente estado se llama *īśvara* y su observador se llama *mantreśvara pramātṛ*. La palabra "*mantreśvara*" significa "aquel que tiene soberanía sobre el *mantra* (*ahaṁ*–yo)". Este estado es como el del *mantra pramātṛ*, lleno de conciencia, lleno de dicha, lleno de voluntad, lleno de conocimiento y lleno de acción; sin embargo, este es un estado más estable. Aquí, el aspirante encuentra más estabilidad. El *mantra* para este estado es *idaṁ-ahaṁ*. El significado de este *mantra* es que el aspirante siente que todo este universo no es falso. Por el contrario, siente que todo este universo es la expansión de su propia naturaleza. En el estado de *mantra pramātṛ*, sintió que el universo era falso, que él era la verdad de esta realidad. Ahora él une el estado del universo con el estado de su propia conciencia. Esto es en realidad la unificación del *jīva*, el individuo, con Śiva, lo universal.

El siguiente estado es el estado de *sadāśiva*. El observador de este estado se llama *mantra maheśvara*. En este estado, el observador encuentra que es absolutamente uno con el Ser trascendental universal. Él experimenta que este estado es más válido, más sólido y merece confianza. Una vez que entra en este estado, no hay posibilidad de caer. Este es el estado establecido de su Ser, su propia naturaleza real. El *mantra* de este estado es *ahaṁ-idaṁ*. El significado de este *mantra* es "Yo soy este universo". Aquí, encuentra su Ser en el universo, mientras que en el estado anterior de *mantreśvara* encontraba el universo en su Ser. Esta es la diferencia.

El séptimo y último estado es el estado de Śiva y el observador de este estado no es otro que el mismo Śiva. En los otros seis, el estado es una cosa y el observador es otra. En este estado final, el estado es Śiva y el observador también es Śiva. No hay nada fuera de Śiva. El *mantra* en este estado es *ahaṁ*, el yo universal. La esto-idad ha desaparecido, derretida en Su yo-idad. Este estado está completamente lleno de conciencia, deleite, voluntad, conocimiento y acción.

Shaivismo de Cachemira, el Supremo secreto, capítulo 8.

6. *Upāyas* (los medios)

La diferencia entre *āṇavopāya*, *śāktopāya* y *śāmbhavopāya* es esta:

en *āṇavopāya*, la fuerza de tu conciencia (del Ser interno) es tal que tienes que tomar el apoyo de todo como una ayuda para mantener y fortalecer tu conciencia;

en *śāktopāya*, tu conciencia está fortalecida hasta el punto en que solo necesitas un punto de apoyo para tu concentración y ese punto es el centro;

en *śāmbhavopāya*, la fuerza de tu conciencia es tal que no necesitas apoyo. Ya estás residiendo en la meta (*upeya*). No hay adónde ir, solo yaces en tu propio punto. El resto es automático.

Es importante darse cuenta de que, aunque son *upāyas* diferentes, todos te conducen a un estado de conciencia trascendental. La diferencia en estos *upāyas* es que *āṇavopāya* te lleva por un camino largo, *śāktopāya* por un camino más corto y *śāmbhavopāya* por el camino más corto de todos. Aunque las maneras son diferentes, el punto a ser alcanzado es uno.

Shaivismo de Cachemira, el Supremo secreto, capítulo 5.

7. *Śaktipāta*

Los cinco grandes actos del Señor Śiva son *sṛṣṭi* (el acto creativo), *sthiti* (el acto protector), *saṁhāra* (el acto destructivo), *tirodhāna* (el acto de envolver u ocultar Su naturaleza) y *anugraha* (el acto de desplegar o revelar su naturaleza).

En el reino de la espiritualidad, el Señor Śiva crea maestros y discípulos a través de Su quinto acto, el acto de la gracia (*anugraha*). Esta gracia es nónuple, de nueve maneras y, por lo tanto, Él crea maestros y discípulos de nueve maneras diferentes.

El primer nivel de la gracia, el más elevado, se llama "*tīvratīvra śaktipāta*". *Tīvratīvra śaktipāta* significa "gracia súper suprema". Cuando el Señor Śiva otorga gracia súper suprema a alguien, entonces esa persona se reconoce perfectamente a sí misma. Él conoce su naturaleza real por completo y a la perfección. Al mismo tiempo, sin embargo, este tipo de gracia intensa no puede ser resistida por su cuerpo, por lo que descarta su cuerpo y muere.

La segunda intensidad de la gracia se llama "*tīvramadhya śaktipāta*". Esto es "gracia suprema media". El efecto de esta gracia del Señor Śiva es que el receptor se vuelve completa y perfectamente iluminado, pero no deja su cuerpo. Se dice que es un *prātibha guru*, es decir, un maestro que no está hecho por la iniciación de otro maestro sino por sí mismo, por su propia gracia.

La tercera intensidad de la gracia se llama "*tīvramanda śaktipāta*", que significa "gracia suprema inferior". En quien ha recibido esta gracia, surge el deseo de ir a los pies de un maestro espiritual. Y el maestro que encuentra ha recibido la segunda intensidad de gracia, *tīvramadhya śaktipāta*. Este maestro es perfecto. Es omnisciente. No hay diferencia entre este maestro y Śiva.

El Señor Śiva, a través de estas tres intensidades supremas de la gracia, crea maestros en el reino de la espiritualidad. Con intensidades menores de gracia, el Señor Śiva crea discípulos dignos.

La cuarta intensidad de la gracia se llama "*madhyatīvra śaktipāta*". Esta es la "gracia media suprema". A través del efecto de esta intensidad de la gracia, el discípulo llega a los pies de ese maestro que es absolutamente perfecto. Pero como la fundación establecida en la mente de este discípulo no es del todo perfecta, el simple toque o la mirada de este maestro perfecto no llevará a este discípulo a la iluminación. Por lo tanto, él inicia a este discípulo de la manera apropiada dándole un *mantra* y enseñándole la forma correcta de andar.

La quinta intensidad de la gracia se llama "*madhyamadhya śaktipāta*", que significa "gracia media media". Cuando el Señor Śiva otorga esta intensidad particular de gracia a alguien, en la mente de esta persona surge el intenso deseo de lograr la existencia del Señor Śiva. Al mismo tiempo, sin embargo, no quiere ignorar los placeres del mundo. Quiere disfrutar del placer mundano junto con la realización de la existencia del Señor Śiva. Sin embargo, solo su deseo para lograr el estado de Śiva es intenso.

La sexta intensidad de la gracia se llama "*madhyamanda śaktipāta*", que significa "gracia media inferior". El efecto de esta gracia es muy similar al efecto de la gracia media media, sin embargo, aquí predomina el deseo por experimentar los placeres mundanos.

Las tres intensidades medias de gracia antedichas tienen lugar en el campo de los aspirantes que viven en el reino del *śiva-dharma*. Estos aspirantes tienen la inclinación de alcanzar el estado de realización del Ser interior al menos cada media hora durante el día y al menos dos veces durante la noche. El período restante del tiempo lo reservan para los placeres mundanos.

Las siguientes tres intensidades inferiores de gracia: *manda-tīvra* (inferior suprema), *manda-madhya* (inferior media) y *manda-manda* (inferior inferior) tienen lugar en el campo de los aspirantes que viven en *loka dharmaḥ*, el reino de la vida mundana. Estos aspirantes tienen el deseo de lograr la realización del Ser interior, el estado del Señor Śiva, solo cuando los dolores y las presiones de este mundo se vuelven demasiado difíciles de soportar. En ese momento, quieren abandonarlo todo y lograr la realización del Ser interior, pero no pueden, y aunque quieren abandonar esta vida mundana, no pueden hacerlo. Estos aspirantes tienen más tendencia al placer mundano y menos tendencia a realizar su Ser. Pero como la gracia del Señor Śiva brilla en ellos, al final se convierten en uno con el Ser supremo, lo que puede tomar muchas vidas. Esta es la grandeza de la gracia del Señor Śiva: no importa qué intensidad de Su gracia esté contigo, al final te llevará a Su naturaleza.

Shaivismo de Cachemira, el Supremo secreto, capítulo 10.

8. Los cinco *kalās* (círculos) o *aṇḍas* (huevos).

Pṛthvī-aṇḍa, prakṛti-aṇḍa, māyā-aṇḍa y *śakti-aṇḍa* son también conocidos como *nivṛtti kalā, pratiṣṭhā kalā, vidyā kalā* y *śānta kalā*, respectivamente. También hay un quinto círculo llamado *śāntātītā kalā*.

Pṛthvī-aṇḍa o *nivṛtti kalā* contiene el elemento tierra.

Prakṛti-aṇḍa o *pratiṣṭhā kalā* contiene los veintitrés elementos desde agua (*jala*) hasta *prakṛti*.

Māyā-aṇḍa o *vidyā kalā* contiene los seis *kañcukas* (coberturas) desde *puruṣa* hasta *māyā*.

Śakti-aṇḍa o *śānta kalā* contiene los cuatro elementos *śuddhavidyā, īśvara, sadāśiva* y *śakti*.

En *śāntātītā kalā* solo existe el encanto del Señor Śiva. Nadie más reside allí, solo es la residencia del Señor Śiva.

Para más detalles sobre los cinco *kalās* ver *Shaivismo de Cachemira, el Supremo secreto*, capítulo 2.

9. *Samādhi*

El estado de *samādhi* es la última parte (*aṅga*) de las ocho partes del *yoga*. Las ocho partes son *yama, niyama, āsana, prāṇāyāma, pratyāhāra, dhāraṇā, dhyāna* y *samādhi*. En los textos clásicos de *yoga*, se reconoce que el estado de *samādhi* es el estado más elevado pero el shaivismo de Cachemira lo considera un estado puramente interno. [*Nota del editor*]

Entonces, si quieres percibirlo a Él, percibir el estado del Señor Śiva, tal como debe ser en su sentido real, disfruta de este universo. Encontrarás el estado exacto del Señor Śiva en el universo. No encontrarás el estado real del Señor Śiva en el *samādhi*. En el *samādhi* encontrarás Su formación no vívida. Solo encontrarás la formación vívida en el estado universal.

Swami Lakshmanjoo, *Śiva Sūtra Vimarśinī*, 2.7.

Cuando este tipo de existencia es experimentada por tal *yogī* en la misma vida activa del universo, en *kriyā śakti*, no solo en el estado de conocimiento (*jñāna śakti*), no en su estado interno de conciencia del Ser (*icchā śakti*) sino también en la vida activa; en la vida activa también siente y experimenta el estado de conciencia universal de Śiva; para él, esto se llama verdadero *samādhi*.
Swami Lakshmanjoo, *Śiva Sūtra Vimarśinī*, 3.6

10. *Prakāśa* y *vimarśa*

En el mundo de la filosofía shaivita, el Señor Śiva es visto como un ser lleno de luz. Pero más que esto, el Señor Śiva es la encarnación de la luz y esta luz es diferente de la luz del sol, de la luna o del fuego. Es luz (*prakāśa*) con Conciencia (*vimarśa*), y esta luz con Conciencia es la naturaleza de esa Conciencia Suprema, el Señor Śiva.

¿Qué es la Conciencia? La luz de la Conciencia no es solo Conciencia pura: está llena con el entendimiento de que "Yo soy el creador, soy el protector y yo soy el destructor de todo". Tan solo saber que "Yo soy el creador, soy el protector y soy el destructor", es Conciencia. Si la Conciencia no estuviera unida a la luz de la Conciencia, tendríamos que admitir que la luz del sol, la luz de la luna o la luz de un fuego (por sí mismas) también son el Señor Śiva. Pero no es así.

La luz de la Conciencia (*vimarśa*) tiene varios nombres. Se la llama *cit-caitanya*, que significa la fuerza de la conciencia; *parā vāk*, la palabra suprema; *svātantrya*, la independencia perfecta; *aiśvarya*, la gloria predominante del supremo Śiva; *kartṛtva*, el poder de actuar; *sphurattā*, el poder de existir; *sāra*, la esencia completa de todo; *hṛdaya*, el corazón universal; y *spanda*, el movimiento universal. Todos estos son nombres que se atribuyen a esta Conciencia en los Tantras.

Esta Conciencia del Yo, que es la realidad del Señor Śiva, es un "yo" natural (*akṛtrima*), no un "yo" planificado. No es conciencia del yo adaptada. Los seres humanos limitados tienen conciencia del yo adaptada. El Señor Śiva tiene una Conciencia de Yo natural o pura. Hay una diferencia entre la Conciencia adaptada y la Conciencia natural. La conciencia adaptada o artificial existe cuando esta conciencia del yo es atribuida a tu cuerpo, a tu mente, a tu intelecto y a tu ego. La conciencia natural es la conciencia que es atribuida a la realidad del Ser, que es la Conciencia total.

Este universo, que es creado en Su Conciencia, depende de esa Conciencia. Siempre es dependiente de esa Conciencia. No puede salir de esa Conciencia. Existe solo cuando reside en Su Conciencia. Esta es la forma en la que ocurre la creación de Su universo.

Self Realization in Kashmir Shaivism, 3.56-57.

Hay dos posiciones de Śiva. Una de ellas es *prakāśa* y la otra es *vimarśa*... Cuando Él siente este estado dichoso como Su propia naturaleza, eso es *prakāśa*. Cuando Él siente "Ese estado dichoso es Mi gloria", eso es *vimarśa*. Cuando Él siente que "Este estado dichoso es Mi ser", eso es Śiva. Cuando Él cree que "Esta es Mi gloria", eso es *śakti*. El ciclo de gloria reside en *śakti* y el ciclo de *prakāśa* reside en Śiva. Ambos están en uno. Eso está indicado por el *visarga* en Śiva, es decir, la vocal '*aḥ*' o ':'. Entonces, *vimarśa śakti* es *parā parameśvarī* suprema atribuida a *svātantrya śakti*. Es la intensidad de la independencia del *svātantrya* de Bhairava.

Parātrīśikā Vivaraṇa, archivo de USF.

11. *Nirvikalpa*

En realidad, todo lo que existe está en el estado *nirvikalpa* en el que no puedes definir nada. Solo puedes definir en el estado de *vikalpa*, en el ciclo de *vikalpa*, por ejemplo, cuando dices: "Esto es un estuche (de lentes)". Pero no es un estuche en el sentido real, en el estado de la conciencia de Dios. Es solo *nirvikalpa*, no puedes decir qué es, ¡pero lo es! *Saṁketādi smaraṇam*, cuando comprendes "Esto es mío", "Oh, esto estaba en mi casa y esto es mío", este recuerdo ocurre en el estado *vikalpa*, no en el estado *nirvikalpa*. Y ese estado *vikalpa* no puede existir sin *anubhavam*, el estado *nirvikalpa*.

Nirvikalpa es la causa de todos los *vikalpas*; el estado indiferenciado es la causa de todo *vikalpa*. No es algo ajeno a los *vikalpas*. Es su vida. Es la vida de todos los *vikalpas*.

Parātrīśikā Vivaraṇa, archivo de USF.

Mientras el reino de la conciencia de Dios está presente, no hay lugar para el reino de la mente. La basura de los pensamientos... en la conciencia de Dios, no vienen. No tienen derecho a venir, no tienen espacio para venir.

DENISE: Pero una persona que está en la conciencia de Dios y en el mundo, ¿no tiene que pensar antes de realizar una acción?

SWAMIJI: No, ese pensamiento no es un pensamiento. Ese pensamiento es... una fuente de dicha. No te lo puedes imaginar a menos que te des cuenta, que lo experimentes.

JOHN: Entonces no podemos decir que una persona en la conciencia de Dios piense. Pero él está en el mundo haciendo, actuando.

SWAMIJI: Pero él está rodando en la conciencia de Dios. No hay que preocuparse por él. Él puede hacerlo todo, todos los actos que hace una persona común, una persona ignorante, pero para él, todo es divino, todo está yaciendo en su naturaleza (*svarūpa*).

JOHN: Entonces el pensamiento es limitado por naturaleza. La definición de pensamiento es algo que es limitado.

SWAMIJI: Limitado, sí.

JOHN: Y como un hombre con conciencia de Dios no tiene nada limitado, entonces no tiene pensamientos.

SWAMIJI: El pensamiento ilimitado no es pensamiento, es *nirvikalpa*. Es el estado de tu propia naturaleza donde no hay limitación.

Swami Lakshmanjoo, *Special Verses on Practice*, estrofa 65, archivo de USF.

12. Treinta y seis elementos (*tattvas*)

A pesar de que el shaivismo de Cachemira reconoce treinta y seis *tattvas* (elementos), Abhinavagupta añade dos estados adicionales:

1) * *Mahāmāyā*: Swamiji dice: "Es el espacio y el poder de la ilusión. La ilusión, cuando no sabes que estás engañado. Llegas a la conclusión de que estás establecido en la verdad. Pero eso no es verdad, eso no es lo real". Esta es la morada de los *vijñānākalas*.

2) * *Guṇa tattva*: el estado en el que los tres *guṇas* se manifiestan primero. Swamiji dice: "En *prakṛti* no puedes ver a los tres *guṇas* porque este es el estado semilla de los tres *guṇas*. Es por eso que en el shaivismo hemos puesto otro elemento... y ese es el elemento de *guṇa tattva*".

***Śuddha tattvas* - elementos puros**
Śiva: Yo-idad (Ser)
Śakti: Yo-idad (energía de Ser)
Sadāśiva: Yo-idad en esto-idad
Īśvara: esto-idad en yo-idad
Śuddhavidyā: Yo-idad en yo-idad / esto-idad en esto-idad

***Ṣaṭkañcukas* - seis coberturas**
(*Mahāmāyā*: intervalo de ilusión)*
Māyā: ilusión de individualidad
Kalā: limitación de la creatividad / actividad
Vidyā: limitación del conocimiento
Rāga: limitación del apego
Kāla: limitación del tiempo
Niyati: limitación de lugar

Puruṣa: ego conectado con la subjetividad
Prakṛti: naturaleza
(*Guṇa tattva*: *guṇas* manifestados)*

***Antaḥ karaṇas* - tres órganos internos**
Buddhiḥ: intelecto
Ahaṁkāra: ego conectado con la objetividad
Manas: mente

***Pañca jñānendriyas* - cinco órganos de cognición**
Śrotra: oído, órgano de la audición
Tvak: piel, órgano del tacto
Cakṣu: ojo, órgano de la vista
Rasanā: lengua, órgano del gusto
Ghrāṇa: nariz, órgano del olfato
***Pañca karmendriyas* - cinco órganos de acción**
Vāk: habla
Pāṇi: mano
Pāda: pie
Pāyu: excreción
Upastha: reproductor

***Pañca tanmātras* - cinco elementos sutiles**
Śabda: sonido
Sparśa: toque
Rūpa: forma
Rasa: sabor
Gandha: olor

***Pañca mahābhūtas* - cinco grandes elementos**
Ākāśa: éter
Vāyu: aire
Tejas: fuego
Jala: agua
Pṛthvī: tierra

Para una explicación completa de los treinta y seis *tattvas* ver *Shaivismo de Cachemira, el Supremo secreto*, capítulo 1.

13. *Turya* y *turyātīta*

Cuando, por la gracia de un maestro, este cuerpo subjetivo entra en la conciencia subjetiva con plena conciencia, y manteniendo la conciencia de manera ininterrumpida se vuelve iluminado por completo en su propio Ser, esto se llama el cuarto estado, *turya*.

Desde el punto de vista del *trika* shaivita, se da predominio a las tres energías de Śiva: *parā śakti* (la energía suprema), *parāparā śakti* (la energía media) y *aparā śakti* (la energía inferior). El reino de *aparā śakti*, la energía más baja, se encuentra en la vigilia y en los sueños. El reino de *parāparā śakti*, la energía media, se establece en el estado de sueño profundo. Y, por último, el reino de *parā śakti*, la energía suprema, se encuentra en el estado de *turya*.

Se dice que el estado de *turya* es la penetración de todas las energías de forma simultánea, no de manera sucesiva. Todas las energías residen allí, pero no están en manifestación. Están todas juntas sin distinción. *Turya* se llama *savyāpārā* porque todas las energías obtienen su poder para funcionar en ese estado. Al mismo tiempo, este estado se conoce como *anāmayā* porque permanece sin ser agitado por todas estas energías.

A este estado, las personas mundanas, los *yogīs* y los humanos iluminados (*jñānīs*) le asignan tres nombres diferentes. Las personas mundanas lo llaman *turya*, que significa "el cuarto (estado)". Usan este nombre porque no tienen un nombre que describa a este estado. No son conscientes de este estado y, al no haberlo experimentado, simplemente lo llaman "el cuarto estado". Los *yogīs* le han asignado a esta condición el nombre *rūpātīta* porque este estado ha superado el toque de uno mismo y es el establecimiento del propio Ser. El toque de uno mismo se encontraba en el sueño profundo, sin embargo, el establecimiento del propio Ser tiene lugar en *turya*. Para los humanos iluminados, los *jñānīs*, toda la existencia universal se encuentra en este estado de *turya*, colectivamente, como indiferenciado, en el estado de totalidad. Aquí no hay sucesión. Por lo tanto, los *jñānīs* llaman a este estado *pracaya*, la totalidad indiferenciada de la existencia universal.

Turyātīta es el estado que es la plenitud absoluta del Ser. Está lleno de plena conciencia y dicha. Es realmente el último y el estado supremo del Ser. No solo encuentras este estado de *turyātīta* en el *samādhi*, también lo encuentras en cada una de las actividades del mundo. En este estado, no hay posibilidad de practicar *yoga*. Si puedes practicar *yoga*, entonces no estás en *turyātīta*. Al practicar *yoga*, existe la intención de ir a algún lado. Aquí no hay adónde ir, nada que lograr. Como aquí la concentración no existe, la existencia de la ayuda del *yoga* no es posible.

Solo hay dos nombres realmente asignados a este estado de *turyātīta*, uno dado por las personas mundanas y otro por los *jñānīs*. Las personas mundanas, como no saben nada sobre el estado, lo llaman *turyātīta*, que significa "ese estado que está más allá del cuarto". Los *jñānīs*, por otro lado, también tienen un nombre para ello. Lo llaman *mahāpracaya*, que significa "la totalidad suprema ilimitada e inexplicable". Los *yogīs* en realidad no le asignan ningún nombre a este estado porque no lo conocen. Está completamente fuera de su experiencia. Sin embargo, los *yogīs*, mediante su imaginación y conjeturas, han imaginado un nombre que podría ser apropiado para este estado: *satatoditam*, que significa "ese estado que no tiene pausa, que no tiene recesos". Es un estado sin recesos y unitario. En *samādhi*, está allí. Cuando el *samādhi* está ausente, está allí. En el estado mundano, está allí. En el estado de sueño, está ahí. Y en el estado de sueño profundo, está ahí. En todos los estados del cuerpo subjetivo individual, está allí.

Shaivismo de Cachemira, el Supremo secreto, capítulo 11.

La diferencia entre *turya* y *turyātīta* es que, en *turya*, en el *samādhi* encuentras que todo este universo existe en forma de semilla, de germen. La fuerza, la energía, de la existencia universal existe allí... pero todavía tiene que salir de ello a la actividad. En *turyātīta*, él se pone en acción y siente la conciencia universal. Esta es la diferencia entre *turya* y *turyātīta*.

Swami Lakshmanjoo, *Tantrāloka* 10.288, archivo de USF.

14. Sistema Spanda

El cuarto sistema que comprende la filosofía *trika* se llama sistema Spanda. La palabra *spanda* significa "movimiento". La escuela Spanda reconoce que nada puede existir sin movimiento. Donde hay movimiento, hay vida, y donde no hay movimiento, eso es falta de vida. Ellos reconocen que hay movimiento en la vigilia, en los sueños, en el sueño profundo y en *turya*. Aunque algunos pensadores sostienen que no hay movimiento en el sueño profundo, los filósofos del sistema Spanda saben que nada puede existir sin movimiento.

Las enseñanzas del sistema Spanda, que es un importante sistema práctico, se encuentran encarnadas en el *Vijñāna Bhairava Tantra*, el *Svacchanda Tantra* y en el sexto capítulo del *Tantrāloka*.

Shaivismo de Cachemira, el Supremo secreto, capítulo 19.

Spanda es denominado como *sphurattā* (vigor, vida, dador de vida, poder de existencia), *ūrmiḥ* (marea), *balam* (fortaleza), *udyoga* (fuerza), *hṛdayam* (corazón), *sāram* (esencia) y *mālinī* (energía suprema). En los *śāstras*, se le asignan estas denominaciones a *spanda*.

Swami Lakshmanjoo, *Spanda Saṁdoha* de Kṣemarāja, archivo de USF.

Aquel que siempre está completamente consciente para aprehender la esencia de *spanda* en cada movimiento de la vida, rápidamente consigue entrar en la conciencia de Dios en el mismo estado de vigilia.

Spanda Kārikā 1.21.

Este universo, que es un mundo de conciencia, está lleno de y es uno con el estado supremo de la conciencia de Dios. La conciencia de Dios es *spanda*, una realidad única del movimiento supremo llena de néctar y una efusión de la dicha suprema de la independencia.

Shiva Sutras. El despertar supremo, 1.9.

El elemento de *spanda* es ese ser de la conciencia de Dios en el que todo este universo existe y del que todo este universo surge... Y la conciencia de Dios no es solo el lugar en el que yace el universo, también es el *prasara sthana*, la energía que fluye. Este universo surge de Eso... *tiene* que existir en la conciencia de Dios y surge de la conciencia de Dios *en* la conciencia de Dios, porque no hay otro espacio para que el universo exista.

Parātrīśikā Vivaraṇa, archivo de USF.

Tan solo examina la secuencia de tus órganos (*karaṇavargaḥ*)... Este *karaṇavargaḥ* es *vimūḍhaḥ*, está muerto, carece de vida.... Si no fuera sin vida, ¿qué habría pasado con estos órganos en un cadáver? Todos sus órganos están bien, pero él no puede ver, no puede oír, no puede tener la sensación del tacto, no puede oler, no puede hacer nada...

¿Y a partir de qué poder esta serie de órganos muertos, *amūḍhavat*, se vuelven como si estuvieran llenos de vida? *Spanda* se instala en ellos y luego se vuelven llenos de vida.

El estado de vigilia, el estado del sueño y el estado sin sueños no pueden permanecer, no pueden existir en el ciclo exterior del mundo sin *spanda*, porque *spanda* es la vida para este mundo.

Swami Lakshmanjoo, audio de la *Spanda Kārikā*, archivo de USF.

15. *Pramiti, pramātṛ, pramāṇa, prameya bhāva.*

Pramiti bhāva es el estado subjetivo supremo, *pramātṛ bhāva* es el estado subjetivo puro, *pramāṇa bhāva* es el estado cognitivo y *prameya bhāva* es el estado objetivo.

Hay una diferencia entre *pramātṛ bhāva* y *pramiti bhāva*. *Pramātṛ bhāva* es el estado de conciencia en el que la percepción objetiva es agregada. Cuando el estado de *pramātṛ bhāva* se agrega a la percepción objetiva, eso es el estado puro de *pramātṛ bhāva*. Cuando se mueve al estado en el que no hay una percepción objetiva, que no hay toque de percepción objetiva, que está más allá de la percepción objetiva, eso es *pramiti bhāva*.

Swami Lakshmanjoo, *Tantrāloka* 4.124, comentario, archivo de USF.

Pramiti bhāva es un estado subjetivo sin objetos. Reside en la pura conciencia subjetiva. No tiene nada que ver con el objeto. Cuando existe el estado objetivo también agregado al estado subjetivo, eso no es *pramiti bhāva* sino *pramātṛ bhāva*. Y cuando ese estado objetivo está conectado con el estado cognitivo, eso es *pramāṇa bhāva*. Cuando ese estado objetivo es un estado objetivo puro por completo, es *prameya bhāva*. Y *pramiti bhāva* es una conciencia subjetiva completa sin el más mínimo toque y rastro de este objeto. A la larga, todo reside en *pramiti bhāva*; *pramiti bhāva* es la vida de los tres. Esto es conciencia pura. Y *pramiti bhāva* es absolutamente uno con *svātantrya śakti*, es uno con el Señor Śiva.

Swami Lakshmanjoo, *Tantrāloka* 11.72-73a, archivo de USF.

De hecho, *pramiti bhāva* es el origen verdadero de entender cualquier cosa. Lo que sea que veas, debe tocar el estado de *pramiti bhāva*, de lo contrario no lo entenderías. Por ejemplo, ves un objeto. Solo conocerás ese objeto cuando la sensación de ese objeto ya resida en *pramiti bhāva*, ese súper estado de conciencia subjetiva. Y el súper estado de conciencia subjetiva es no diferenciado. Desde ese punto no diferenciado de *pramiti bhāva* fluyen los flujos diferenciados de *pramātṛ bhāva* y *pramāṇa bhāva*.

Swami Lakshmanjoo, *Tantrāloka* 11.62, archivo de USF.

Es *nirvikalpa*, es un estado sin pensamientos. Y en ese estado sin pensamientos todo el conocimiento debe residir, de lo contrario no sería conocido. Sería desconocido por la eternidad.

Ibídem. 11.68-69.

Por ejemplo, cuando estás disertando mientras lees tu libro, tu conciencia está *con* un objeto. Cuando estás disertando sin un libro, sin ningún tipo de apoyo, tu conciencia es *sin* un objeto, solo fluye. Esto es el estado de *pramiti bhāva*.

Swami Lakshmanjoo, *Tantrāloka* 6.180, archivo de USF.

APÉNDICE B

Paramārthasāra, con el comentario de Yogarāja, traducido por John Hughes, Ishwar Ashram, Srinagar Kashmir, 1972. (Tesis doctoral, Universidad de McMaster, Hamilton, Ontario)

1. Oh Śaṁbhu, Tú eres el Supremo (aquel) que mora encima del abismo (de *māyā*), el que no tiene principio. (Tú eres aquel) que ha entrado en muchas cuevas (es decir, los corazones). Por lo tanto, eres la morada de todos porque habitas en todo (ya sea animado o inanimado). (Solo a Ti) me acerco en busca de refugio.

2. El discípulo, desconcertado por la rueda del sufrimiento que comienza con la vida en el útero y termina en la muerte, le preguntó al *guru*, el bendito Ādhāra (Patañjali), acerca de la Verdad.

3. El *guru* (Ādhāra) le declaró la esencia de la Verdad (lit. *Paramārthasāra*) en la (forma) de las *Ādhāra Kārikās*. Abhinavagupta declara eso (la esencia de la Verdad) de acuerdo con el punto de vista de la enseñanza.

4. (Por medio) de la desbordante plenitud del poder de Su propia energía, se han producido por separado estas cuatro esferas (círculos en forma de huevo) que son *śakti*, *māyā*, *prakṛti* y *pṛthvī*.

5. En todo este universo, que es un continuo de diversos cuerpos, órganos, mundos, el disfrutador es Śiva, encarnado, que ha asumido la condición del que no es consciente.

6. Al igual que un cristal sin mácula toma para sí las formas de varios colores, así también el Señor asume las formas de dioses, hombres, animales, árboles, etc.

7. Al igual que el orbe reflejado de la luna se mueve cuando se mueve el agua (en la que está siendo reflejado) y no se mueve

cuando (el agua) no se mueve, del mismo modo este Ser que es el Ser Supremo (se muestra a sí mismo) en el conjunto de cuerpos, órganos y mundos.

8. Al igual que Rāhu, aunque es invisible, aparece cuando está en el orbe de la luna, así también este Ser, aunque es omnipresente, (aparece) en el espejo del intelecto a través del contacto con los objetos de los sentidos.

9. Al igual que un rostro aparece en un espejo que está libre de polvo, así también este (Ser), que es la misma luz, aparece en el *tattva* del intelecto que es puro debido a la gracia (*śaktipāta*) de Śiva.

10-11. El universo, que tiene treinta y seis partes, brilla dentro de aquello que es el *tattva* supremo, que es luz, repleto, que experimenta la mayor dicha debido a que yace en Sí mismo, desbordando con los instrumentos de su voluntad consciente. Está lleno de energías infinitas libres de toda discursividad (*vikalpa*), puro, en reposo, sin que surja retroceso alguno.

12-13. Al igual que la diversidad en la que consiste una ciudad, un pueblo, etc., aparece sin estar separada sobre la superficie de un espejo y, sin embargo, al mismo tiempo aparece dividida dentro de sí misma y de esa (conciencia divina), del mismo modo, este universo también aparece como carente de distinción de la conciencia suprema absolutamente pura de Bhairava y al mismo tiempo aparece como dividido dentro de sí mismo y de esa (conciencia).

14. Él (Paramaśiva) revela como separados de Sí mismo a los *tattvas* de las cinco *śaktis* (energías) (*cit*, *ānanda*, *icchā*, *jñāna* y *kriyā*) que son *śiva*, *śakti*, *sadāśiva*, *īśvara* y *vidyā*.

15. La libertad suprema del Señor es capaz de lograr lo que aparentemente es imposible: el autoocultamiento de Śiva por la diosa que es *māyā śakti*.

16. La conciencia, manchada por tomar a *māyā* sobre sí, se convierte en *puruṣa*, el sujeto limitado. (El *puruṣa*) está ligado por la fuerza del tiempo, la creatividad limitada, la limitación, el apego y el conocimiento limitado (*kāla*, *kalā*, *niyati*, *rāga*, *vidyā*).

17. "Ahora, esto es algo que conozco por completo". Junto con *māyā*, esto forma el velo séxtuple (*kañcuka*) y se dice que estos son los órganos internos del ser limitado.

18. Al igual que se considera a la cáscara como una con el grano de arroz aunque está separada, (así el conjunto de seis *kañcukas*,) aunque en un sentido están separados del individuo, se consideran uno con él. Sin embargo, los seis *kañcukas* son purificados al volverse hacia el camino de Śiva.

19. (Primero) *prakṛti* (la naturaleza) que no es más que placer, dolor e ilusión, y luego los órganos internos que son sucesivamente *buddhi*, *manas* y *ahaṁkāra* (discernimiento, pensamiento y egoidad) aparecen porque tiene lugar el juicio (*niścayaḥ*), el pensamiento (*saṁkalpa*) y el orgullo (*abhimāna*).

20. El oído (*śrotram*), la piel (*tvak*), el ojo (*akṣi*), la lengua (*rasanā*), la nariz (*ghrāṇam*): estos son los órganos de intelección (y tienen al) sonido, etc., (como sus objetos). Además, los órganos de acción son la mano (*pāṇi*), la boca (*vāk*), el pie (*pāda*), los órganos de excreción (*pāyu*) y los órganos de generación (*upastha*).

21. Ese campo objetivo sutil que sería sin calificación objetiva es la péntada de los *tanmātras* que son el sonido (*śabda*), la sensación táctil (*sparśa*), la forma (*rūpa*), el sabor (*rasa*) y el olor (*gandha*).

22. Sin embargo, por la fuerza de la mezcla de estos (*tanmātras*) los objetos densos (de conocimiento y acción) se convierten en los elementos éter, aire, fuego, agua y tierra.

23. Al igual que la cáscara cubre el grano de arroz, la creación, comenzando con *prakṛti* y terminando con la tierra, oculta la conciencia con el estado físico.

24. Aquí la cobertura suprema es *mala*, el velo sutil es el que comienza con *māyā* y el velo denso es lo externo en la forma de los objetos, porque el Ser está envuelto por tres coberturas.

25. (El Ser, Śiva) debido a que ha entrado en contacto con la oscuridad de la ignorancia es consciente de su Ser esencial en la variada diversidad de objetos y sujetos.

26. Al igual que el almíbar, el azúcar moreno, la melaza y el azúcar refinado son solo el jugo de la caña de azúcar, todas estas condiciones diferentes son Śaṁbhu, el Ser supremo.

27. *Vijñāna*, *antaryāmi*, *prāṇa*, *virāt*, *deha*, *jāti* y *piṇḍa*, etc., estos solo tienen una realidad práctica (*vyavahāra*). Desde el punto de vista de lo último, en realidad no existen.

28. No existe una serpiente en la cuerda (y sin embargo, cuando es considerada como una serpiente), causa un miedo que incluso lleva a la muerte. El gran poder de la ilusión (*bhrānti*) no puede ser entendido.

29. Asimismo, el dolor, el placer, el nacimiento, la muerte, el cielo, el infierno, lo correcto y lo incorrecto, las castas, las etapas de la vida, etc., aunque en el Ser no tienen una existencia real, existen por la fuerza de la ilusión.

30. Entonces, la oscuridad es considerar las cosas como el no Ser cuando en realidad no están separadas del Ser porque aparecen.

31. El que haya una concepción falsa del Ser como solo el cuerpo o como el principio de vida (*prāṇa*), etc., aunque no sean el Ser,

es como la oscuridad sobre la oscuridad, es como un gran grano sobre un forúnculo.

32. De manera asombrosa, se envuelve a sí mismo con la esfera de la conciencia del cuerpo, la respiración, el conocimiento intelectual, los vacíos, como una araña con su propia tela.

33. Por medio de la revelación del poder de conocimiento del Ser (interno), descubriendo su propio Ser, de esta manera Paramaśiva manifiesta el juego (que es en un momento dado) diverso con ligaduras y (a la vez) liberador.

34. La creación, la preservación y la destrucción, el estado de vigilia, el estado de sueño y el sueño profundo brillan en esa cuarta morada. (Y aun así) ello (esta cuarta morada) brilla como si no fuera ocultada por ellos.

35. El estado de vigilia se llama "*viśvaya*" debido a la diversidad. El estado de sueño se llama "*tejaḥ*" debido a la grandeza de su iluminación. El estado de sueño profundo se llama "*prājña*" debido a lo compacto del conocimiento allí. Más allá de eso está el cuarto.

36. Al igual que la superficie del cielo no se ensucia por el humo, las nubes o el polvo, de la misma manera, el sujeto supremo no es tocado por las transformaciones de *māyā*.

37. (Al igual que) cuando el aire contenido en una vasija está lleno de polvo las otras porciones de aire contenido en otras vasijas no se ensucian, del mismo modo, estos individuos limitados disfrutan de la diversidad de la felicidad y la tristeza.

38. (Cuando el conjunto de *tattvas*) está en reposo, este Señor parece estar en reposo. (Cuando se) deleita (parece como si Él) se deleitara. (Cuando está) confundido (parece como si Él estuviera) confundido. Pero en realidad Él no está así.

39. Habiendo rechazado en primer lugar la proyección del Ser en el no Ser, luego el Ser supremo destruye la ilusión del no Ser en el Ser.

40. Para el *yogī* supremo que ha cortado con éxito este par de ilusiones desde la raíz, para él no se considera que haya nada más por hacer.

41. Esta tríada, tierra, *prakṛti* y *māyā*, que ha caído en la objetividad, por la fuerza de la realización de la no dualidad se convierte en nada más que el puro Ser.

42. Al igual que un anillo, un arete y un brazalete son vistos solo como oro cuando se abandona la distinción entre ellos, del mismo modo, cuando la diversidad es abandonada, entonces todo aparece como el Ser puro.

43. Este Brahman que es supremo, puro, sereno, inactivo, no dual, invariable, universal, el verdadero néctar, (Él) yace en la refulgente *śakti* cuya naturaleza es luz (*bhā*).

44. Todo lo que no sea realizado por esa conciencia cuya naturaleza es luz, (que toma la forma de) es deseado, es conocido y es hecho, eso es como una flor en el cielo.

45. Todo este universo es creado (emitido) por el Dios de los dioses a través de entrar en contacto con el tridente de *śaktis* (*icchā*, *jñāna* y *kriyā*) en aquella realidad conocida como Śiva.

46. Y una vez más, esta tríada de esferas también es creada en el exterior en el proceso del derrame de las cinco *śaktis* (las energías por la objetivación) del Ser.

47. Así, solo Yo, Dios, propulso el dispositivo de la rueda de *śaktis*, permaneciendo como el controlador de la gran rueda de *śaktis*.

48. Solo en Mí, el universo brilla como objetos en un espejo sin mácula. El universo emerge de Mí como la diversidad de un sueño del (estado de) sueño profundo.

49. Solo Yo soy el universo, como un cuerpo compuesto de manos, pies, etc. Y solo Yo destello como este universo como la naturaleza de la luz en las cosas.

50. Soy el que ve, soy el que oye, soy el que huele, aunque soy sin órganos físicos. Y aunque no soy su autor, solo Yo creo las diversas escuelas, escrituras y argumentos filosóficos.

51. Así, cuando el pensamiento dualista se funde, trascendiendo a la engañosa *māyā*, se disuelve en Brahman como el agua en el agua y la leche en la leche.

52. Y cuando el conjunto de *tattvas* se ha integrado en Śiva a través de la conciencia (presencia consciente), ¿qué pena o qué engaño puede haber para quien contempla el universo como Brahman?

53. El bien y el mal, el fruto de la acción, surgen simplemente como resultado del conocimiento falso y el apego, porque la falta en la asociación es difícil de superar al igual que cuando un hombre que no es ladrón se asocia con un ladrón.

54. Aquellos que en esta vida, engañados, confundidos, recurren a la ignorancia producida por la realidad práctica (*vyavahāra*) del mundo, ligados por las cadenas del bien y el mal, experimentan el nacimiento y la muerte.

55. Sin embargo, la acción que consiste en el bien y el mal acumulados en tiempos de ignorancia es destruida por la fuerza del resplandor centelleante de la iluminación (*vijñāna*) como (arde) el algodón que ha sido almacenado durante mucho tiempo.

56. Al lograr la iluminación, sus actos no dan fruto; por lo tanto, ¿cómo puede haber nacimiento para él? Libre de la esclavitud del nacimiento, él brilla como el sol con sus propios rayos, en la forma de Śiva.

57. Así como una semilla que carece de su grano interno, su parte exterior y su cáscara no producen un brote, de la misma manera el Ser no puede producir el brote de la existencia cuando se libra de *āṇava*, *māyīya* y *karma mala*.

58. El conocedor del Ser no teme a nada porque todo, en todas partes, es su propia forma. Tampoco se aflije porque en lo Real no hay destrucción.

59. En el tesoro oculto más secreto del corazón se acumulan las joyas de la realidad (que es la conciencia) "Solo Yo existo"; en este estado del Señor, ¿quién podría ser pobre alguna vez?

60. No hay una morada de la liberación (*mokṣa*) ni hay que ir a otro lugar. La liberación (*mokṣa*) es la manifestación del propio poder a través del corte del nudo de la ignorancia.

61. Esta persona en el que el nudo de la ignorancia ha sido cortado, en quien toda duda ha desaparecido y el error ha sido conquistado, en quien tanto el mérito y como el demérito han sido destruidos, él es liberado a pesar de que sigue siendo uno con su cuerpo.

62. Al igual que una semilla que ha sido quemada por el fuego se vuelve incapaz de germinar, tampoco la acción que ha sido quemada por el fuego del conocimiento puede ser la causa del renacimiento.

63. Debido al intelecto limitado y a través de la proyección mental de un cuerpo futuro que sea en concordancia con sus acciones

(*karma*), la conciencia se vuelve contraída y cuando este cuerpo es destruido (la conciencia) también se vuelve así.

64-65-66. Pero si uno realizara al Ser que es uno con Śiva, es decir, como una conciencia sin mácula que es el conocedor y el hacedor, que trasciende el universo, infinito, cuya forma es luz que no surge ni se oculta, cuyos deseos, todos, se cumplen; que está libre de lo que determinan el espacio y el tiempo, que es firme, sin muerte, con señorío, completamente pleno, el único agente que provoca la disposición de la creación y destrucción de la multitud de las innumerables energías, que hábilmente ejecutan la creación, etc.; entonces, ¿cómo podría ser que alguien esté en *saṁsāra*? Es decir, ¿de dónde o hacia dónde puede ir el infinito?

67. Entonces (como ha sido establecido) por argumentos lógicos, el acto de la persona iluminada, que ya ha tenido lugar, no da fruto, porque a través de la firme convicción "Esto no es para mí sino para Él", no hay fruto en el mundo.

68. Así, despertado por el viento de la conciencia (presencia) cultivada, sacrificando todos los pensamientos en la luminosidad de su Ser, se convierte en solo esa luminosidad.

69. Comiendo lo que se le presente, vestido con cualquier prenda, tranquilo, morando en cualquier lugar, está liberado. Él que es todos los seres (y es el Ser de todos los seres).

70. Aunque hace cientos de miles de sacrificios de caballos, aunque realiza cientos de miles de asesinatos de brahmanes, como conoce la realidad él no es tocado ni por los méritos ni por las faltas. No es tocado en absoluto en su pureza.

71. Evitando la pasión, el placer, la ira, el deseo, la melancolía, el miedo, la codicia, la ilusión; libre de himnos o *mantras* sacrificiales (*vaṣat*), vive como sin vida, con una mente libre de argumentaciones.

72. Esta colección formada por la pasión, el placer, etc., domina debido a la ilusión de la dualidad. Quien ha alcanzado la conciencia de su Ser indiviso, ¿cómo podría ser tocado por eso?

73. No hay nada separado de él para alabar o para hacer ofrendas o sacrificios. El hombre iluminado tampoco se deleita en cosas como los himnos. Por lo tanto, está libre de todas las formas de reverencia y *mantra*.

74. Su templo es su propio cuerpo u otro, soportado por los treinta y seis *tattvas*. Se completa con ventanas que son las disposiciones de las (aberturas) de los sentidos del cuerpo.

75. Unido con sus energías, está establecido, adorando a la deidad auspiciosa que es el Bhairava supremo de su Ser supremo, con sustancias que son puras a través de la conciencia del Ser.

76. La ofrenda al fuego extremadamente brillante de la conciencia ocurre sin esfuerzo para aquel que ofrece la masa de la numerosa semilla de la diversidad que es la concepción externa e interna.

77. La meditación (*dhyānam*) es incesante porque este Señor manifiesta variadas formas. La meditación solo es aquello en la que la realidad es pintada (en el lienzo) de la mente.

78. En la medida en que hace girar en la conciencia interior toda la secuencia del mundo, la delineación de la secuencia de los *tattvas* y el conjunto de los sentidos, se dice que esto es su *japa* (repetición del *mantra*).

79-80. Este es su voto, que es difícil y fácil a la vez, que lo ve todo con visión equilibrada y que realiza su conciencia para deleitarse en el campo de cremación del universo. Y (también) que concibe a la conciencia como marcada por la concepción del cadáver que es el cuerpo. Y (además) disfruta del cráneo que es la esfera de lo conocido, que yace en los rayos de sus propios sentidos y que está lleno del licor embriagador que es la esencia líquida del universo.

81. Al realizar a aquello que se llama Maheśvara, el absoluto, que está libre de nacimiento y muerte, por la gracia de la luz de la naturaleza del perceptor, permanece en concordancia con sus deseos, con todas sus necesidades satisfechas.

82. Quien conoce la dicha suprema y sin par, que es omnipresente, que (previamente) ha sido realizada de esta manera, que es idéntica a todo y que ha eliminado toda la diversidad, se convierte en uno con Eso.

83. Abandonando su cuerpo en un lugar sagrado o en la casa de un intocable, aunque pueda haber perdido toda su memoria, liberado en el momento de su iluminación, él prosigue hacia la identidad absoluta del Ser (*kaivalyam*), con todo el sufrimiento destruido.

84. Frecuentar *tirthas* (santuarios) otorga mérito, morir en la casa de un intocable conduce al infierno. Pero eso no significa nada cuando no hay contacto con la limitación del bien y del mal.

85-86. Colocar un grano de arroz que ha sido correctamente separado de sus dos cáscaras (de nuevo) en los trozos de las cáscaras no hace posible que ese (grano) de arroz regrese a su estado original. Del mismo modo, la conciencia (*saṁvit*), separada del grupo de las envolturas (*kañcukas*), aunque permanezca aquí (con este grupo) por la fuerza de las huellas latentes, al estar liberada en esencia no se ve afectada por él.

87-88. Al igual que una joya cuya pureza ha sido diseñada por los artesanos más hábiles, aunque se ensuciara cuando está en contacto con su estuche, es realmente pura una vez que uno elimina estos factores contingentes (*upādhiḥ*), así (también) esa conciencia que está libre de la creación de impurezas a través de la enseñanza del maestro espiritual, al estar liberada de las limitaciones del cuerpo, brilla como Śiva, como absolutamente carente de limitaciones.

89. De modo que, a través de la autoridad de las escrituras, etc., o por medio de una fe inquebrantable, logrando la identidad con eso en vida (posteriormente) alcanzará el cielo, el infierno o el nacimiento humano.

90-91. El "último momento" de este hombre, que se inclina hacia un estado virtuoso o pecaminoso, parece ser una causa cooperante para los estúpidos. Pero (sin embargo) no es causa de transmigración.
E incluso aquellos que al identificarse con eso fueron a sus diversos estados como animales, pájaros, reptiles, etc., incluso ellos logran ese estado purificado por el conocimiento anterior.

92-93. Entonces esta alma yace en el estado entre asumir formas físicas como en el cielo o en el infierno. Y cuando ese (*karma*) se agota, se une con otro cuerpo de acuerdo con su propia aptitud.
Pero ese Ser que le fue revelado en el momento del conocimiento, ese Ser, en el momento de la muerte, está exactamente en el mismo estado en que se había realizado (en el momento de la revelación del conocimiento).

94-95. La oclusión completa del conjunto de las funciones orgánicas, la destrucción de la memoria, la asfixia de la respiración, la ruptura de las partes vitales, dolencias específicas, la experiencia que proviene de las impresiones del cuerpo, ¿cómo podría esto no existir cuando hay unión con el cuerpo? Sin embargo, a pesar de que está inconsciente en el momento de la muerte, el hombre iluminado (*jñānī*) no desciende de la realidad de su propio Ser.

96. Cuando por las palabras de la boca del *guru* uno alcanza el camino de la realidad suprema, entonces, instantáneamente, se produce el descenso de la gracia más elevada (*śaktipāta*) y Śiva se revela sin oscurecimiento.

97. Yaciendo como la forma que todo lo trasciende, debido a las etapas (*krama*) que son como etapas de refugio, habiéndose elevado hasta obtener el *tattva* más elevado, finalmente se convierte en la plenitud de Śiva.

98-99. Ese *yogī* que no ha alcanzado el estado de plenitud de la realidad suprema pero yace en el centro, o aquel que está ansioso por obtener ese lugar de refugio pero se ha desviado del *yoga* (*yoga bhraṣṭa*), y teniendo esa conciencia en algún momento morirá, entonces, como se dice en las *śāstras*, él será el Señor de los maravillosos disfrutes del mundo de los dioses. Y por la influencia de yacer en ese estado, en el siguiente nacimiento (*janma*) alcanza el estado de Śiva.

100. Verdaderamente, aunque no logró esa práctica de *yoga* que es el camino hacia la realidad suprema, sin embargo, gozando los disfrutes del cielo, con la mente feliz, es feliz por mucho tiempo.

101. Al igual que el emperador universal es adorado como un rey por todas las personas, así el que ha caído del *yoga* es adorado por todas las deidades en los mundos celestiales.

102. Después de mucho tiempo nuevamente logra el nacimiento humano y con la práctica del *yoga* obtiene el néctar celestial (que es *mokṣa*) y por lo tanto no regresa de nuevo.

103. Por lo tanto, el que se empeña en hollar este camino de la realidad, logra la Śiva-idad. Entonces, sabiendo esto, debe intentar obtener esa realidad suprema por cualquier medio.

104. Meditando en el Brahman más elevado, alcanza instantáneamente la Śiva-idad por yacer en su propio corazón. Así lo manifiesta Abhinavagupta brevemente.

105. Esta esencia del *śāstra* que es muy profunda ha sido descrita concisamente por mí, Abhinavagupta, en cien *ślokas*, recordando los rayos de Śiva por los cuales estoy iluminado.

ÍNDICE DE PALABRAS SÁNSCRITAS

abheda 16, 51, 53
abheda-bhāva 16
abhimāna 25, 141
Abhinavagupta i, iii, vii, ix, x, xii, xiii, xvi, 1, 2, 5, 6, 9, 13, 15, 18, 23, 32, 40, 62, 63, 78, 84, 85, 89, 90, 96, 100, 105, 107-111, 131, 139, 152, 168
abhyāsa 65, 67, 101, 104
Ādhāra 4, 5, 139
Ādhāra Kārikās 5, 139
ādharma 37
adhiṣṭāna 71
agni 18, 28, 67
ahaṁ 55, 56, 123, 124
ahaṁ-idaṁ 123
ahaṁkāra 25-27, 141
āhnika 55, 56
aiśvarya 128
ajñāna 30, 31, 59, 65
ākāśa 12, 18, 28, 47, 65
akṛtrima 128
akṣi 26-28, 141
anāmayā 133
ānanda xvi, 3, 8, 15, 16, 19, 60, 81, 84, 88, 89, 116, 140
ānanda śakti 3, 8, 16, 81, 84, 116
Anantabhaṭṭāraka 103, 104, 113, 114
āṇavamala 30, 61, 66, 119
āṇavopāya 124
aṇḍa, aṇḍas vii, 7, 8, 24, 25, 54, 91, 127
aṅga 127
antaḥkaraṇa, antaḥ karaṇas 18, 132
antaḥsthā 121
antaraṅga 24
antaryāmi 33, 142
anugraha 14, 114, 124, 125
aparā xiii, 114, 115, 133
aparā śakti 114, 133
Arjuna 32, 34, 103
āsana 127
āśrama, āśramas 37, 38
aṣṭadhā 114
aśvamedha 74
aśvattha 34
ātma 13, 15, 16, 40, 41, 51, 54, 61, 71, 72, 79, 82
avidyā 22, 118
avyakta 113

balam 135
Bhagavad Gītā x, xi, xvi, 32-34, 38, 71, 83, 103, 111, 113-115, 168
bhakṣya 73
bhāva vii, 16, 32, 33, 136-138
bhāvana 50, 72
bheda 16, 19, 47, 51-53, 83
bheda-bhāva 16
bhedābheda 53
bhoga 98, 102-104
Bhoja 5, 29
Bhojavṛtti 5, 29
bhojya 73
bhram 49
bhrānti 36, 37, 41, 49, 50, 142
bhū 91
bhurvaḥ 91
bhūtas 28
bhuvanās 85
bījam 61
bimba 12
bodha 21, 43, 85, 86, 101
Brahma, Brahman 34, 38, 41, 52, 56, 74, 108, 144, 145, 152
Brahmā 34, 70
brahmacāri 38, 110
brahmán 37, 73, 107
buddhi, buddhiḥ 25, 26, 132, 141
buddhīndriyāṇi 26, 27

cakra 54-56, 70, 80
cakṣu 27, 28
Caraka 6
Caraka Saṁhitā 6
cetana 4
cid ghana 1
cit 3, 8, 15, 16, 19, 81, 84, 128, 140
cit śakti 3, 8, 15, 16, 81, 84

deha 28, 33, 39, 40-42, 67, 75, 77, 142
devās 10
dhāraṇā 121, 122, 127
dharma 37, 126
dhyāna, dhyānam 84, 85, 127, 148
duḥkha 25, 26, 37, 47, 48, 113

gandha 18, 27, 28, 141
ghrāṇa, *ghrāṇaṁ* 26-28
gṛhastha 38
guṇas vii, 26, 113-115, 131
guṇa tattva 113, 131
guru 4, 5, 99, 100, 125, 139, 151

Hanumān 5
harṣa 75, 78, 79
havan 82-84
homa 84
hṛdaya, *hṛdayam* 64, 73, 74, 128, 135

icchā 3, 8, 15, 16, 19, 53, 81, 84, 116, 128, 140, 144
icchā śakti 8, 15, 16, 81, 84, 116, 128
idaṁ-ahaṁ 123
īśvara 18, 19, 38, 116, 123, 127, 140
Īśvara 70, 131

jaḍa 4, 75, 77, 115
jāgrat 44-46, 51
jala 10, 11, 18, 25, 28, 46, 127
janaḥ 63, 91
janma 58, 60, 66, 67, 88, 98, 103, 151
japa 85, 86, 148
jāti 33, 34, 142
jīva 9, 20, 47, 123
jīvanmukta 73, 93, 115
jñāna 3, 8, 15, 16, 19, 43, 44, 46, 53, 60, 67, 81, 84, 89, 98, 116, 128, 140, 144
jñāna śakti 3, 8, 15, 16, 81, 84, 116, 128
jñānendriyāṇi, *jñānendriyas* 27, 28, 132
jñānī, *jñānīs* 93, 97, 98, 133, 134, 150

kaivalyam 89, 149
kalā, *kalās* vii, 7, 9, 21-23, 32, 34, 48, 65, 85, 91, 120, 121, 127, 141
kāla 21-23, 59, 68, 69, 120, 121, 141
Kāla 22, 102, 131
kalagnirūdra 34
kambhuka 61
kañcuka, *kañcukas* 22-25, 32, 91, 92, 120, 121, 127, 141, 149
karaṇa 9, 10, 11, 97, 113
karma, *karmas* 57, 61, 66, 67, 71, 96, 114, 146, 147, 150
karma mala, *kārmamala* 30, 61, 66, 118, 119, 146
karmendriyāṇi, *karmendriyas* 26, 27 132
kārpaṇyaṁ 76
kartṛtva 128
kiṁśāruka 61
kopaḥ 75
krama 85, 101, 102, 151
krīḍa 53
kriyā 3, 8, 15, 16, 19, 53, 81, 84, 116, 128, 140, 144
kriyā śakti 3, 8, 15, 16, 81, 84, 116, 128
krodha 75
Kṛṣṇa 32, 34
kṣatriya 37
Kṣemarāja 1, 2, 40, 110, 135, 168
kṣīra sāgara 12

Lakṣmaṇagupta 62
lobha 75
loka *dharmaḥ* 126
lokas 91

mada 75, 78
Madālasa Yoginī 40
madhya 102, 103, 126
mahābhūta, *mahābhūtas* 28, 132
mahā bīja 83
mahaḥ 91
mahāpracaya 134
mala, *malas* 5, 14, 29, 30, 37, 61, 66, 67, 74, 77, 95, 118-120, 142, 146
mālā 52
mālinī 135
manas 25, 26, 141
manda 126
manmatha 75, 76
mantra, *mantras* 55, 75, 79, 85, 86, 123-125, 147, 148
mantra pramātṛ 123
mantreśvara 123
Mārkaṇḍa Ṛṣi 40
Mārkaṇḍeya Purāṇa 40
mātṛkā cakra 55, 56
māyā 3, 7, 8, 18, 20-26, 29, 30, 37, 39, 46, 47, 50, 51, 56, 61, 65, 73, 89, 116, 118, 119, 121, 127, 139-145
māyā-aṇḍa, *māyāṇḍa* 7, 24, 127

māyā śakti 20, 21, 73, 118, 140
māyīyamala 30, 61, 66, 118, 119
moha 25, 26, 48, 75, 77, 97, 113
moha-mātraṁ 25, 26
mokṣa 43, 44, 65, 106, 146, 151
Mokṣopāya 77
mukta 66, 115
mūrcchā 122
murkha 66

nāḍīs 97
narak, *naraka* 94, 95
Nārāyaṇa 12, 168
navarandhras 81
Nilakantha Brahmacārī 77
nimīlanā 87
nimīlanā samādhi 87
nirvikalpa 16, 104, 129, 130, 137
niścayaḥ 25, 141
nivṛtti kalā 7, 85, 91, 127
niyama 127
niyati 21-23, 100, 120, 121, 141

pāda 26, 27, 141
pāṇi 26, 27, 141
Pāṇini 121
parā xiii, 29, 53, 114, 115, 128, 129, 133
parā śakti 133
Parātrīśikā Vivaraṇa 27, 55, 60, 117, 119, 129, 130, 136
parā vāk 128
para yogina 50
parivrajī 75
Pārvatī 76, 100, 109, 116
paśu 9, 10, 21, 94
Patañjali x, 2, 4, 5, 6, 29, 78, 108, 139
pāyu 26, 27, 141
peyam 73
phalam 57
piṇḍa 33, 34, 142
pracaya 133
prājña 45, 143
prakāśa 15, 38, 39, 44, 69, 128, 129
prakṛti 7, 8, 18, 24-26, 28, 29, 51, 73, 113-115, 127, 131, 139, 141, 142, 144
prakṛti-aṇḍa, *prakṛtyaṇḍa* 7, 24, 127
prakṛti tattva 113
pralaya 46, 48-50
pralayākala 42, 122
pralayākala pramātṛ 122
pramāṇa vii, 136, 137
pramāṇa bhāva 136, 137
pramātṛ vii, 42, 58, 122, 123, 136, 137
pramātṛ bhāva 136, 137
prameya vii, 58, 122, 136, 137
prameya bhāva vii, 136, 137
pramiti bhāva 136-138
prāṇa 33, 39-42, 142
prāṇāyāma 127
prārabdha 71
pratanoti 53
prātibha 125
pratibimba vāda 55, 56
prati buddha 72
pratiṣṭhā kalā 7, 85, 127
pratyāhāra 127
pṛthivī, *pṛthvī* 7, 16, 18, 24, 28, 29, 41, 48, 90, 91, 139
pṛthvī-aṇḍa, *pṛthvyaṇḍa* 7, 24, 91
pūja 82-84
puṇyāya 90, 91
pūrṇa 22
puruṣa 21, 24, 26, 41, 47, 113, 115, 127, 141
puryaṣṭaka 27, 40, 42

rāga 21, 22, 24, 120, 121, 141
Rāhu 12, 140
rājas, *rājoguṇa* 26, 33, 113
rākṣasas 44, 58
Rāma 5, 60
Rāmarāja 60
rasa 18, 27, 28, 31, 141
rasanā 26-28, 141
raśanā 51
Rāvaṇa 6
Rūdra 70
rūpa 18, 27, 28, 141
rūpātīta 133

śabda 18, 27, 28, 141
sadāśiva 18, 19, 38, 116, 123, 127, 140
sadāśiva tattva 19
sādhana 90
sakala 71, 72, 122
śakti-aṇḍa, *śaktyaṇḍa* 7, 127
śakti-cakra 54-56, 70
śaktipāta xvi, 13, 14, 25, 32, 43, 67, 69, 70, 72, 90, 92, 95, 99, 100, 104, 125, 126, 140, 151

śaktis 16, 19, 53, 54, 140, 144
śakti tattva 19
śāktopāya 124
samādhi 13, 14, 85, 87, 127, 128, 134
sāmagrī 83
śāmbhavopāya 55, 124
Śaṁbhu Bhaṭṭāraka 32
Saṁgraha Stotra 62
saṁhāra 124
saṁkalpa 25, 69, 141
saṁsāra 34, 69, 147
saṁvit 15, 16, 83, 91, 149
Śaṅkarācharya 77
sannyāsī 38
śānta 7, 32, 48, 127
śānta kalā 7, 127
śāntātītā kalā 7, 34, 48, 65, 85, 127
sāra 128
sāram 6, 110, 135
sarvajñatva 21, 43
sarvakartṛtva 21, 43
śaśi 12
śāstra, *śāstras* 35, 94, 103, 110, 114, 135, 151, 152
sattvoguṇa 26
satyaḥ 91
Śeṣamuni 5, 108
śeṣa vṛtti 75
śiṣya 6, 110
śiva-dharma 126
Śivastotrāvalī 62
Śiva Sūtra Vimarśinī 121, 122, 127, 128
śiva tattva 16, 19, 85, 90
śivo'haṁ 86
śmaśāna 86, 87
so'haṁ 86
Somānanda 62
spanda 59, 60, 128, 135, 136
Spanda Kārikā 135, 136, 168
Spanda Saṁdoha 135
sparśa 18, 27, 28, 91, 92, 141
sphurattā 128, 135
śraddha 94
Śrīkaṇṭhanātha 113
Śrī Nirvāṇayogottare 90
śrotram 26, 141
sṛṣṭi 44, 124
sthiti 44, 92, 93, 98, 124
sthūla 29, 118
śuddha tattvas 19
śuddhavidyā 18, 19, 32, 123, 127
sukha 25, 37, 47, 48, 74, 113
sūkṣma 29, 118
śūnya 40, 42
śūnya pramātṛ 42
sūrya 12
suṣupti 44-46, 51
Svacchanda Tantra 135
svaḥ 91
svapna 44, 45, 51, 54
svarga, *svargas* 91, 94, 95
svarūpa 119, 120, 130
svātantrya 3, 7, 18, 20, 21, 60, 95, 114-120, 123, 128, 129, 137
svātantrya śakti 3, 20, 95, 114, 115, 118, 129, 137

tāmas, *tāmoguṇa* 26, 33
tanmātras 27, 28, 132, 141
Tantrāloka x, 9, 12, 19, 22-26, 28, 29, 35, 38, 43, 55, 85-87, 103, 114, 120, 121, 134, 135, 137, 138, 168
tapa 91
tattva vii, 14-16, 18, 19, 48, 51, 57, 79, 80, 85, 90, 101, 113, 131, 132, 140, 143, 145, 148, 151, 154-156
tattva gaṇas 48
teja, *tejaḥ*, *tejas* 28, 44-46, 132, 143
tirodhāna 124
tirthas 90, 149
tīvra xvi, 14, 25, 32, 43, 67, 69, 70, 100, 126
trika xiii, 6, 133, 135
turya 45, 46, 87, 133, 134, 135
turyātīta vii, 87, 133, 134
tuṣa 28, 61, 91
tvak 26, 27, 28, 141

udyoga 135
unmīlanā 87
unmīlanā samādhi 87
upādhiḥ 92, 149
upastha 26, 27, 141
upāyas 124
upeya 124
urdhva mūlam 34
ūrmiḥ 135
Utpaladeva x, 62, 168
Utpalastotrāvalī 62

vaidika 6
vaiśya 37
vāk 5, 26, 27, 128, 141, 155
vānaprasta 38
vargaḥ 78, 79
varṇa 38
vaṣat 75, 147
vāyu 18, 28, 80
vedānta 24, 77, 78
vidyā 7, 18, 19, 21, 22, 24, 38, 120, 121, 127, 140, 141
vidyā kalā 7, 127
vijñāna 33, 59, 145
Vijñāna Bhairava Tantra 135
vijñānākala 122, 123
vikalpa, *vikalpas* 15, 16, 72, 129, 130, 140
vikāsa 8, 56
vimarśa vii, 80, 128, 129
virapāṇa 73
virāt 33, 46, 142
viṣāda, *viṣādaḥ* 75, 76
viṣaya 28
Viṣṇu 6, 12, 60, 70
viśvaya 45, 143
vrata 38, 70, 74, 87
vyavahāra 33, 35, 58, 142, 145

yajñā, *yajñās* 74, 82, 83
yama 127
yoga xvi, 5, 6, 50, 85, 99, 101-106, 122, 127, 134, 151
yoga bhraṣṭa, *yoga bhraṣṭaḥ* 103, 105, 106, 151
Yoga darśaṇa 5
Yogarāja vii, viii, x, xi, 1, 2, 8, 17, 32, 35, 38, 40, 62, 73, 75, 77, 90, 100, 108, 110, 111, 139
Yoga Sūtras x, 5, 29, 76
Yoga Vasiṣṭha 77
yogī, *yogīs* xi, 19, 50, 55, 102, 104, 122, 128, 133, 134, 144, 151

LAKSHMANJOO ACADEMY

Las enseñanzas de Swami Lakshmanjoo son una respuesta a la necesidad urgente de nuestro tiempo: la transformación de la conciencia y la evolución de una humanidad más iluminada.

La Universal Shaiva Fellowship y su rama educativa, Lakshmanjoo Academy, una organización sin fines de lucro, fueron establecidas bajo la inspiración directa de Swamiji, con el fin de llevar a cabo la visión de Swamiji de poner el Shaivismo de Cachemira a disposición de todo el mundo. Era el deseo de Swamiji que sus enseñanzas estuvieran disponibles sin restricciones de casta, credo y color. La Universal Shaiva Fellowship y Lakshmanjoo Academy han preservado las enseñanzas originales de Swamiji y progresivamente están haciendo estas enseñanzas disponibles en formato de libros, audio y video.

Este conocimiento es extremadamente valioso y estimulante para todo el género humano. En momentos de incertidumbre, ofrece a la humanidad una visión clara y certera. Nos muestra el camino a casa y nos da los medios para su logro.

Para obtener información sobre Shaivismo de Cachemira o para apoyar el trabajo de Universal Shaiva Fellowship y Lakshmanjoo Academy y su profunda labor consciente, visite el sitio web de Lakshmanjoo Academy o escriba a su dirección de correo.

info@lakshmanjooacademy.org

www.lakshmanjooacademy.org

ENSEÑANZAS DE SWAMI LAKSHMANJOO PUBLICADAS POR LAKSHMANJOO ACADEMY

EN CASTELLANO

- Shaivismo de Cachemira, el Supremo Secreto
- Shiva Sutras, el despertar Supremo

EN INGLÉS

- Bhagavad Gītā, In the Light of Kashmir Shaivism
- Festival of Devotion & Praise, Hymns to Shiva, Utpaladeva's Shivastotrāvali
- Vijñāna Bhairava, The Manual for Self-Realization
- Shiva Sūtras, The Supreme Awakening
- Kashmir Shaivism, The Secret Supreme
- Self-Realization in Kashmir Shaivism, The Oral Teachings of Swami Lakshmanjoo
- Esence of the Supreme Reality, Abhinavagupta's Paramārthasāra
- The Mystery of Vibrationless-Vibration in Kashmir Shaivism, Vasugupta's Spanda Kārikā & Kṣemarāja's Spanda Sandoha
- The Magical Jewel of Devotion in Kashmir Shaivism Bhaṭṭa Nārāyaṇa's Stava Cintāmaṇi
- Light on Tantra of Kashmir Shaivism, Abhinavagupta's Tantrāloka Chapter One - Volume 1
- Light on Tantra of Kashmir Shaivism, Abhinavagupta's Tantrāloka Chapter Two and Three - Volume 2
- Light on Tantra of Kashmir Shaivism, Abhinavagupta's Tantrāloka Chapter Four - Volume 3

www.ingramcontent.com/pod-product-compliance
Lightning Source LLC
Chambersburg PA
CBHW070141080526
44586CB00015B/1796
* 9 7 8 1 9 4 7 2 4 1 1 6 9 *